Sera Anstadt

Alle meine Freunde sind verrückt

Aus dem Leben eines schizophrenen Jungen

Bericht einer Mutter

Aus dem Niederländischen
von Karin Arends-Kailer

Piper
München Zürich

Die Originalausgabe erschien 1983 unter dem Titel
»Al mijn vrienden zijn gek«
bei Uitgeverij BZZTôH,
's-Gravenhage

ISBN 3-492-03267-2
2. Auflage, 6.–9. Tausend 1989

Umschlag: Federico Luci
unter Verwendung einer Graphik von Marc van Meurs
Gesamtherstellung: H. Mühlberger, Gersthofen
Printed in Germany

Inhalt

1 Würmer

Raf ist jetzt dreißig Jahre alt, ein zurückgezogener, schwergestörter junger Mann, der manchmal noch mit einem melancholischen Lächeln an früher zurückdenkt.

Bis zu seinem fünfzehnten Lebensjahr war er freundlich und ruhig, wenn er sich auch aufspielen und gelegentlich sogar erstaunlich jähzornig sein konnte. Er sah damals sehr gut aus: groß, mit schwarzen Locken, großen dunklen Augen und breiten Schultern. Wenn jemand ihm etwas erzählte, konnte er mit großer Aufmerksamkeit zuhören, so als würde er auch gut nachempfinden, was im anderen vorging.

Er trieb viel Sport, besonders Tennis und Leichtathletik, war ein guter Schüler und hatte vor, Musikwissenschaften zu studieren. Er war beliebt, und viele seiner Freunde spielten ein Instrument. In seinem Zimmer, das sich neben meinem befand und das er bis zum Ausbruch seiner Krankheit selbst eingerichtet hatte, stand auf der einen Seite, an der Wand entlang, ein Bett, und auf der anderen ein großer Schreibtisch, daneben ein Plattenspieler und ein Notenständer. Neben allen anderen Aktivitäten spielte Raf Gitarre; auch seine Freunde musizierten nach der Schule regelmäßig bei ihm.

Sabina, meine um fast zwei Jahre ältere Tochter, wohnte im Dachzimmer.

Als Raf drei Jahre alt war, ließ ich mich scheiden. Am Anfang war das für Raf und Sabina ein schwerer Schock, wie wohl für die meisten Kinder, die ihren Vater nicht mehr täglich zu sehen bekommen. Besonders Raf schaute mich häufig mit großen erstaunten Augen an; er war jedoch zu klein, als daß er um Erklärungen hätte fragen können, und fragte nur selten direkt nach Hans, seinem Vater. Das Verhältnis zwischen Hans, mir und den Kindern wurde schon bald nach der Scheidung wieder ziemlich gut. Nach kurzer Zeit heiratete Hans wieder, und die Kinder gingen, als sie noch klein waren, regelmäßig für ein paar Tage zu ihm. In der ersten Zeit weinte Raf nach einem solchen Besuch am Wochenende häufig still in seinem Bett. Ich erinnere mich, daß ich ihn mal zudeckte und seine Tränen sah.

»Raf, weshalb weinst du?« fragte ich.

»Ich weine nicht«, antwortete er.

»Ich sehe doch, daß du traurig bist.«

Er drehte sich von mir weg. »Nein«, sagte er und schüttelte, kräftig verneinend, den Kopf.

Ich hatte das Gefühl, daß er sich selbst damit Mut machen wollte. Ich konnte ihn nicht dazu bewegen, über seine Traurigkeit zu sprechen und hatte schon damals das Gefühl, daß er mich schonen wollte.

Sabina konnte ihre Emotionen besser meistern, konnte auch leichter über sie reden. Sie schützte Raf. Die Kinder verstanden sich gut und waren fast immer zusammen. Später sagte Sabina noch oft, sie hätte angenehme Erinnerungen an ihre Kinderzeit. Zwischen uns herrschte Harmonie. Mit der Zeit bekamen Raf und Sabina Verständnis dafür, daß das Leben zu Hause ohne Vater anders ist als in einer vollständigen Familie. Ich hatte sogar den Eindruck, daß sie deshalb weniger schwierig waren: Sie wollten es mir nicht allzu schwer machen. Mit der Zeit fanden sie es sogar angenehm, daß wir zu dritt waren. Manchmal sagten sie, wenn sie von einem Wochenende bei ihrem Vater zurückkamen: »Schön, daß wir zu Hause nur eine Mutter haben. Bei Vati müssen wir immer alles doppelt fragen.«

Andererseits genossen sie die Kontakte mit Hans, der ihnen viel Aufmerksamkeit widmete. Sie durften auch zusammen mit seiner Familie Ferien machen; als sie älter waren, fuhr Hans manchmal mit ihnen allein ins Ausland.

Damals hatten wir noch viele Freunde, unter denen sich auch einige geschiedene Eltern befanden, mit denen wir Feste wie Weihnachten und Silvester oft zusammen feierten.

Trotzdem verhielt Raf sich schon als kleines Kind manchmal merkwürdig, obwohl man damals dieses Verhalten natürlich noch als eine von jenen Äußerungen eines Kindes betrachten konnte, deren Ursachen ein Erwachsener nicht immer zu erkennen vermag. Ich erinnere mich, daß die Kinder des Kindergartens nach einem Regenschauer auf der Straße mit Stöckchen Würmer zerschnitten. Auch Raf, der damals ungefähr fünf Jahre alt gewesen sein dürfte, beteiligte sich daran. In der folgenden Nacht träumte er davon. Ängstliches Geschrei aus seinem Zimmer weckte mich, und ich stand erschreckt auf. Raf kam weinend zu mir gelaufen. Doch auch mit offenen Augen konnte er seinen Traum nicht loswerden.

»Wach doch auf. Du bist bei Mutti!« sagte ich. Plötzlich lief er wieder von mir weg, als ob er verfolgt würde, und rannte durch alle Zimmer des Hauses. »Würmer, Würmer«, schrie er. Ich hob ihn auf und legte ihn in mein Bett; er hörte jedoch nicht auf zu schreien. Immer wieder ergriff er mit beiden Händen meine Decke und schrie: »Hier auch! Hier auch Würmer!« In jeder Falte der Decke sah er einen Wurm. Immer wieder sprang er auf, barg seinen Kopf in die Hände und schrie.

»Jetzt reicht es aber«, sagte ich nach einiger Zeit. »Jetzt hör' aber auf.« Doch es war, als ob er mich nicht hörte und nicht sah, als ob er schlief mit weit geöffneten Augen. Schließlich, als ich ihn ordentlich schüttelte, wachte er richtig auf, drückte sich fest an mich und schlief in dieser Haltung wieder ein.

Ungefähr um die gleiche Zeit bekam er Wutanfälle, wenn er seinen Willen nicht durchsetzen konnte. Wenn wir vom Spielplatz nach Hause gehen mußten, er jedoch noch bleiben wollte, konnte er dermaßen jähzornig werden, daß ich ihn buchstäblich wegzerren mußte. Zu Hause machte er weiter. Er trat gegen Türen und Mauern, schrie und heulte. Ich nahm ihn dann in meine Arme und sagte zu ihm: »Was machst du für dumme Sachen? Alle Kinder gehen nach Hause, wenn sie essen müssen.«

Er schmiegte sich dann an mich und schluchzte noch ein wenig nach. »Versuch mal, morgen ein großer Junge zu sein und nicht mehr zu weinen, wenn es Zeit ist, nach Hause zu gehen«, sagte ich.

Nach einem solchen Wutanfall schlief er erschöpft ein. Als er später in die Schule ging und lesen und schreiben lernte, blieben die Wutanfälle aus. Aber er blieb ein empfindsames Kind. Wenn ich abends vorlas, reagierte er bei traurigen oder schauerlichen

Geschichten verängstigt und steckte sich die Finger in die Ohren. Sabina machte sich Sorgen darüber. »Raf, gleich ist es wieder vorbei«, sagte sie. »Ich sag' dir Bescheid, wenn du wieder zuhören kannst.«

Schon als kleines Kind bekam Raf Musikunterricht: zuerst Flöte, dann Gitarre. Jeden Tag übte er brav, am liebsten um die gleiche Zeit: mittags, wenn ich Tee trank, gleich in meiner Nähe. Erst wenn er sicher sein konnte, daß ich nicht weggehen würde, fing er an zu spielen; ich konnte dann an seinen Augen erkennen, daß er von mir gelobt werden wollte. Schon bald wurde mir klar, daß er mich mehr brauchte als Sabina.

Er hatte ein peinlich übertriebenes Bedürfnis, alles möglichst perfekt zu machen. Seine Kleider suchte er selber aus, und er wurde böse, wenn ich ihn in dieser Angelegenheit beraten wollte. Damals fiel mir auch auf, daß er übertrieben lange damit beschäftigt war, seine Haare zu kämmen, manchmal eine Stunde lang, so daß er dadurch zu spät in die Schule kam. Er wurde zornig, wenn ich etwas darüber sagte, und es gelang mir nicht, ihn von seinem Kämmzwang zu befreien. Immer wieder fuhr er sich mit der Hand durch die Haare, um zu kontrollieren, ob alles noch gut saß. Im Laufe der Zeit wurde er ängstlich, wenn irgend etwas mit seinen Haaren in Berührung kam. Er wollte nur Pullis und Hemden tragen, die zugeknöpft werden konnten. Nach einem Jahr löste sich auch dieser Zwang allmählich, um dann am Ende ganz zu verschwinden. Seine Haare blieben jedoch für Raf immer wichtig. Beim Friseur wehrte er sich heftig, wenn sie geschnitten werden sollten; doch weil dies bei kleinen Jungen häufiger passiert, beachtete ich die Sache kaum. Später bemerkte ich, daß er Menschen, die seine Haare kritisiert hatten, mißtraute. Er hat diese Eigenart nie abgelegt. Er war einer der ersten, die die Haare lang trugen; auch heute reichen sie ihm noch bis auf die Schultern.

Obwohl Raf und Sabina immer zusammen spielten, nahm Raf ihr doch oft das Spielzeug weg. Als ältestes Kind bekam Sabina als erste einen Roller, ein Fahrrad, Rollschuhe und anderes wichtiges Spielzeug. Damals zeigte sich, wie neidisch Raf sein konnte. Ich versprach ihm, daß er nächstes Jahr ein Rad bekommen würde.

Aber das konnte er nicht akzeptieren. Bei jeder Gelegenheit nahm er Sabina das Rad weg.

»Ich will radfahren«, sagte er dann, und fuhr schnell davon.

Als er ungefähr neun Jahre alt war, fing er damit an, morgens so lange zu duschen, daß die anderen keine Möglichkeit mehr hatten, das Bad auch noch zu benutzen. Wenn wir ihn baten herauszukommen, antwortete er nicht und hielt die Tür verschlossen. Er zeigte sich erst wieder, wenn der Warmwasservorrat des Boilers aufgebraucht war. Wenn ich ihm dann sagte, daß er am nächsten Tag nicht als erster duschen dürfte, antwortete er, damit sei er einverstanden. Er wirkte dann verschämt, als ob er es sich selbst übel nähme, daß er sich dermaßen hatte gehen lassen. Schließlich gelang es mir, für jeden von uns einen festen Zeitpunkt zum Duschen zu verabreden.

Raf konnte seinen Neigungen nicht widerstehen. Seine zwangmäßige Neigung zu manischem Verhalten äußerte sich in immer wieder anderen Aktivitäten. Als ich ihn gelehrt hatte, mit der Strickliesel zu stricken, machte er einen Strick von zig Metern. Er fing schon am frühen Morgen im Bett mit Stricken an, und wenn ich dann kam, um ihn zu wecken, sah ich ihn fieberhaft stricken. Als diese Zwangshandlung nach einigen Monaten verschwunden war, trat eine neue Tätigkeit, die er immer wieder ausüben mußte, an ihre Stelle. Jetzt ging er Tag für Tag stundenlang fischen. Als die Fischsaison anfing, wurde er ganz nervös. Am Abend vorher legte er Angel, Haken, Köder und Butterbrote hin und fragte mich: »Mutti, weckst du mich bitte um fünf? Und vergißt du es bitte nicht?« Seine Begeisterung war dermaßen groß, daß ich keine andere Wahl hatte, als es ihm zu versprechen.

Um sechs Uhr morgens zog er dann los, kletterte in einen Strauch am Ufer hinter unserem Haus und saß dort den ganzen Tag. Er sprach mit niemandem, starrte nur auf seinen Schwimmer und vergaß die Zeit; in der Regel mußte ich ihn zum Abendessen hereinholen. Das machte er einige Jahre lang.

Einmal fragte ich ihn: »Wie schaffst du das denn, Raf, so den ganzen Tag nur auf diese Leine zu starren, ob sich da was tut?«

Er dachte einen Augenblick lang nach und antwortete dann, mit einem träumerischen Ausdruck in den Augen: »Ach, es ist dann so stille, man kann sich allerlei Geschichten ausdenken. Manchmal ist es mir, als ob sie ganz echt wären.«

Am Anfang seiner Gymnasialzeit kam eine neue Tätigkeit dazu. Er fing an, der Reihe nach die Bücher von Karl May zu lesen und sich zu verhalten wie die Helden aus diesen Büchern. Er lief kerzengerade, durchbohrte jedermann mit seinem Blick und tat alles irritierend langsam.

Damals fing auch der Unterschied zwischen dem dreizehnjährigen Raf und der fünfzehnjährigen Sabina an, eine Rolle zu spielen. Sie bekamen allmählich verschiedene Interessen und verbrachten immer weniger Zeit miteinander.

Sabina wurde schwierig und vernachlässigte ihre Schularbeiten. Sie besuchte regelmäßig die damals aufkommenden Kneipen für Jugendliche. Sie konnte all diese neuen Eindrücke jedoch nicht verarbeiten. Wenn ich sie warnte, wenn sie so weitermachte, würde es in der Schule schiefgehen, wurde sie böse. Als sie dann schließlich sitzenblieb, beschlossen wir gemeinsam, daß sie einige Zeit zu ihrem Vater nach Den Haag ziehen würde. Nicht nur für sie selbst, sondern auch für Raf und mich war dies ein schwerer Entschluß. Am Anfang kam uns das Haus ohne Sabina leer vor, und wir konnten uns nur schwer daran gewöhnen, daß sie nicht mehr da war.

Eines Abends fiel mir auf, daß Raf besonders angespannt und traurig aussah. Er hielt seinen Kopf gesenkt, als ob er seine Gedanken ordnen wollte. Dann fing er stockend an zu reden:

»Weißt du, Mutti, ich fühle mich in letzter Zeit so bedrückt. Es ist, als ob hier etwas nicht in Ordnung ist.« Er zeigte auf seine Brust. »Ich muß oft daran denken, daß ich für dich nicht lieb genug gewesen bin, und dann fühle ich mich schuldig. Jeden Tag bin ich unzufrieden mit mir selbst. Der eine Kater kommt nach dem anderen. Nachts wache ich auf und kann dann nicht mehr einschlafen, weil ich an all das denken muß, was ich falsch gemacht habe. Wenn ich morgens aufstehe, fühle ich mich nicht ausgeruht, und in der Schule bin ich dann furchtbar schläfrig.«

Ich spürte, daß er noch nicht ausgesprochen hatte und versuchte die Stille, die entstanden war, nicht zu durchbrechen. Nach einer Weile fuhr Raf fort: »Da ist noch etwas.« Er schwieg wieder. »Es fällt mir schwer, darüber zu reden«, sagte er langsam. »Aber ich muß es dir erzählen, denn es beunruhigt mich.«

Wieder entstand eine Pause.

»Erzähl' nur«, versuchte ich ihn zu vermutigen.

»Ich habe Angst vor meinen Erektionen«, fuhr er fort. »Mein Glied ist zu groß, und ich denke, daß ich nie mit einem Mädchen schlafen kann. Ich muß so oft daran denken, und in der Schule geht es dadurch immer weiter bergab.«

»Aber Raf«, sagte ich, »das bildest du dir nur ein. Lies nur etwas darüber, dann wirst du schon bemerken, daß du ohne Grund beunruhigt bist. Und was dein Verhalten mir gegenüber angeht: Ich finde, daß du im allgemeinen ganz lieb zu mir bist. Ich kann mich noch erinnern, daß du, als du ungefähr fünf warst, zu mir sagtest: Schade, daß ich so ein kleines Mammschen habe. Ich wär' so gern' ein Lausbub, aber das geht halt nicht. Also, schon damals warst du ganz lieb zu mir.«

Mir wurde klar, daß ich Raf eine Zeitlang vernachlässigt hatte, weil Sabina mich so stark beansprucht hatte. Er hatte es mir nicht schwer machen wollen; jetzt aber, da sie weg war, spürte ich, mit wieviel Problemen auch er kämpfte, über die er nicht hatte reden wollen. Nach dieser vertraulichen Klage verschloß er sich mir wieder total. Er wurde in die dritte Klasse versetzt, und in dieser Zeit zeigten sich seine depressiven Stimmungen deutlicher.

Es waren immer Freunde um ihn herum, die versuchten, ihn aufzuheitern. Sie nahmen ihre Musikinstrumente mit und musizierten gemeinsam. Das half. Sie kamen auch noch, als seine Krankheit deutlicher erkennbar wurde, bis Raf sie schließlich nicht mehr ins Haus ließ.

2 Die heilpädagogische Beratungsstelle

Ernste Schwierigkeiten gab es erstmals, als Raf ungefähr fünfzehn Jahre alt war; er ging damals in die dritte Klasse des Gymnasiums. Ich mußte damals wegen einer Operation ins Krankenhaus und fragte ihn, ob er während dieser Zeit bei einer meiner Freundinnen wohnen wollte. Er antwortete, daß er lieber zu Hause bleiben wollte, weil eine Klassenarbeit bevorstand und er bei meiner Freundin zu viel abgelenkt werden würde. Aber abends dort essen wollte er schon. Ich fand es schade, daß er sich so zurückzog. Der Sohn meiner Freundin war in Rafs Alter, und die beiden waren gute Freunde.

Als er mich eine Woche später, nach meiner Operation, im Krankenhaus besuchte, machte er einen zerstreuten Eindruck. Er hatte auch die Sachen, die er für mich hätte mitbringen sollen, vergessen.

»Kommst du nicht zurecht, so ganz alleine?« fragte ich. Er schaute verträumt zum Fenster hinaus und sagte verlegen und sich entschuldigend: »Ich muß so viele Hausaufgaben machen.«

Nach meiner Heimkehr stellte ich fest, daß er sich noch mehr verschloß als das bisher der Fall gewesen war. Er sprach wenig und hatte Schwierigkeiten mit den Hausaufgaben. Als er ungefähr sechs Wochen später mit einer Freundin nach Hause kam, dachte ich, sie könnte die Ursache seines merkwürdigen Verhaltens gewesen sein. Er stellte mir das Mädchen vor und ging mit ihr auf sein Zimmer, wo er den Rest des Abends blieb.

Schon von seinem zehnten Lebensjahr an hatte ich bemerkt, daß er sich sehr für Mädchen interessierte und gern von ihnen nett gefunden werden, sich dafür jedoch nicht allzusehr anstrengen wollte. Am nächsten Abend saßen wir schweigend zusammen. Plötzlich fing er an zu reden: »Ich muß dir noch etwas erzählen.« Er schaute mich prüfend an, um sich zu vergewissern, daß ich gut zuhörte. »Als du im Krankenhaus warst, war ich auf einem Treffen des Humanistenbundes. Da begegnete ich einem Mädchen, das ein wenig älter war als ich. Um die siebzehn, schätze ich. Am nächsten Sonntag stand sie plötzlich vor meiner Tür, ohne vorher angerufen zu haben. Ich war ziemlich durcheinander, sie fing nämlich gleich an zu knutschen. Nach einer Weile fragte sie mich, ob ich mit ihr schlafen wolle.«

Von seinem Vater hatte Raf Verhütungsmittel bekommen, aber, soviel ich wußte, hatte er noch nie Gelegenheit gehabt, sie zu benutzen. »Ich war nervös«, erzählte Raf weiter. »Es ging nicht. Da fing sie an, furchtbar zu lachen und sagte, sie fände mich wertlos. An das, was dann geschah, kann ich mich nicht mehr genau erinnern. Es war, als ob sich alles um mich herum drehte. Mir schwirrte der Kopf. Als ich wieder zu mir kam, stellte ich fest, daß sie weg war.«

Er ließ sich in den Sessel zurückfallen und sagte dann erschöpft: »Ich will das nicht mehr. Ein Mädchen darf nicht so frech und herrschsüchtig sein.« Nach diesem Gespräch wurde mir erst klar, wie übermüdet er in Wirklichkeit war. Er saß stundenlang an seinen Hausaufgaben, hatte immer mehr Schwierigkeiten mit dem Aufstehen und kämpfte buchstäblich mit sich selbst, um die Versetzung in die vierte Klasse zu schaffen, was ihm nur mit größter Mühe und nach einer Wiederholungsprüfung gelang. Aber dann war es plötzlich, als ob er all seine Energie verbraucht hätte. Eine Woche lang blieb er apathisch zu Hause, ohne irgend etwas zu tun.

Eines Abends besuchte ihn ein anderes Mädchen, das ich schon mal gesehen hatte. Als sie weg war, spürte ich, daß ihn wieder etwas wurmte. »Setz dich doch mal, Raf«, sagte ich. »Was ist denn los?«

»Ich verstehe nicht, weshalb eine Frau Geschlechtsverkehr will«, antwortete er nervös. »Das muß doch höchst unangenehm für sie sein? Ich schäme mich, wenn ich von einem Mädchen etwas verlange, wovon sie nichts hat.«

»Raf«, sagte ich, »das siehst du grundverkehrt.« Ich fragte ihn, ob er nicht wisse, daß eine Frau in dieser Hinsicht ungefähr die gleichen Gefühle hätte wie ein Mann auch.

»Ist das wahr?« fragte er. »Das wußte ich nicht.« Ich hatte den

Eindruck, daß ihn das ein wenig erleichterte. »Ich bin froh, daß du mir das erzählt hast«, sagte er.

Später zeigte sich, daß dieses Gespräch nicht geholfen hatte. Im Gegenteil, Rafs Zustand verschlechterte sich zusehends. Jedes Problem wurde von ihm hin und her gewälzt, und er machte es sich selbst immer schwerer.

Hans glaubte, ihn anspornen zu können, indem er ihm zum Geburtstag ein Moped versprach. Nach einiger Zeit fing Raf auch noch an, die Schule zu schwänzen; manchmal blieb er den ganzen Tag im Bett. In der ersten Zeit klagte er dann über Bauchschmerzen; später entschuldigte er sich nicht einmal mehr. Die Vertraulichkeit, mit der er mit mir über seine Schwierigkeiten gesprochen hatte, war wieder verschwunden. Wenn ich ihn jetzt etwas fragte, tat er so, als ob er mich nicht hörte.

So kränkelte er sich durch das Schuljahr und blieb zum ersten Mal sitzen. Er hatte in der Schule buchstäblich nichts geleistet. Sein Direktor gab mir den Rat, mich mit der Heilpädagogischen Beratungsstelle in Verbindung zu setzen.

Zu meinem Erstaunen wurde ich dort nicht ins Vertrauen gezogen. In der ersten Zeit sprach man nur mit Raf. Ich fühlte mich im Stich gelassen und wußte nicht, was ich tun sollte. Das war das erste Mal, daß ich das vage Gefühl bekam, beschuldigt zu werden. Ich wußte jedoch noch nicht, wessen man mich beschuldigte.

Alle vierzehn Tage einmal hatte Raf ein Gespräch mit der Sozialarbeiterin, die im ersten Jahr noch nicht mit einer richtigen Behandlung anfing. Vermutlich hoffte man bei der Beratungsstelle, daß Raf, wenn er älter würde, seine Probleme in den Griff kriegen würde. Als sein Zustand sich jedoch nicht verbesserte, Raf vielmehr immer weniger ansprechbar wurde, bekam er einen Psychiater, und es wurde vereinbart, daß ich mich selbst einmal in der Woche zu einem Gespräch mit der Sozialarbeiterin treffen würde. Es zeigte sich jedoch, daß ich die Schwierigkeiten, die ich zu Hause jeden Tag mit Raf hatte, mit ihr nicht besprechen konnte. Auf einige meiner Fragen gab sie keine Antwort, wobei sie mich stillschweigend anschaute, mit einem Gesichtsausdruck, als ob sie von mir das hören wollte, was ich gerade von ihr zu erfahren hoffte. Sie verhielt sich geheimnisvoll, als ob sie etwas zu verbergen hatte, und ich bekam wenig Kontakt zu ihr. Mir wurde nicht mitgeteilt, was genau man befürchtete. Dennoch fühlte ich deutlich, daß es etwas Ernstes sein mußte. Die Sozialarbeiterin verhielt sich derart vorsichtig, freundlich und beschwichtigend, daß ich mich manchmal schämte. Ich fragte mich, ob sie vielleicht dachte, mit einem unmündigen Menschen zu tun zu haben. Ich wollte wissen, wie ich mich Raf gegenüber zu verhalten hätte in diesem Zustand, in dem er kein einziges Wort sagte, tagelang im Bett blieb und niemanden zu sich hereinließ. Aber es gelang mir nicht ein einziges Mal, mit ihr über meine Ängste zu reden. Es schien, als ob sie das gerade verhindern wollte und versuchte, mich mit Dingen abzulenken, die nicht relevant waren. Vermutlich wußte sie gar nicht, wie sie mir helfen konnte. Sie sprach von einer schweren Pubertätskrise, sagte, ich sollte Geduld haben, und in der Regel ging ich genauso nervös und beunruhigt nach Hause, wie ich gekommen war.

Am Anfang hatte ich noch Verständnis für die Situation, doch mit der Zeit fand ich, daß Raf sich zuviel gehen ließ, daß er zu weich war. »Du solltest versuchen, ein bißchen härter zu dir selbst zu sein«, sagte ich. »Wenn du jetzt wieder sitzenbleibst, kannst du das Gymnasium vergessen.« Er nickte und sagte müde: »Du hast recht.« Es änderte sich jedoch nichts.

Schließlich wurde ich böse, wenn er liegen blieb. Ich konnte es nicht ertragen, daß er sich in so kurzer Zeit so verändert hatte. Gleichzeitig fühlte ich mich schuldig, weil ich das Gefühl hatte, daß er selbst wenig dafür konnte. Ich reagierte mit Wut, um meine Angst zu überschreien.

Inzwischen verschlechterte sich Rafs Zustand immer mehr. Er kam nur noch selten aus seinem Zimmer. Am Anfang seiner Depression hatte er sich noch die Mühe gemacht, sich anzuziehen und zum Psychiater zu gehen; aber nach einiger Zeit hörte er auch damit auf. Jetzt sah ich ihn tagelang nicht, obwohl sein Zimmer neben dem meinen lag. Er hatte seine Tür verriegelt, und im Haus herrschte eine unheimliche Stimmung.

Eines Abends traf ich Raf im Flur. Sein Kopf hing ihm auf die Brust. Er ging ganz langsam, als ob er träumte. »Kann ich dir helfen, Raf?« fragte ich. Er änderte seinen Schritt nicht; er schien mich weder zu hören noch zu sehen.

Seitdem er nicht mehr zum Essen aus seinem Zimmer kam, sorgte ich dafür, daß der Kühlschrank gut gefüllt war. Nachts roch ich gebackene Eier. Wenn ich im Flur war, sah ich, daß in seinem Zimmer immer Licht brannte, und ich hörte Raf umhergehen. Die schweren Übergardinen waren auch bei Tage zugezogen.

Nach zwei Monaten rief ich seinen Psychiater an und sprach mit ihm über die Entwicklungen der letzten Wochen. »Können Sie Raf nicht mal besuchen, um zu sehen, in welchem Zustand er ist, jetzt, nachdem er schon so lange nicht bei Ihnen war? Vielleicht können Sie ihm helfen?«

»Das geht nicht, Frau Anstadt«, antwortete er, »Raf muß von sich aus zu mir kommen.«

»Aber Sie wissen doch, daß er nicht kommt. Er weiß ja kaum, daß er noch lebt. Sie warten jetzt schon seit Monaten auf ihn. Können Sie ihn für die Stunden, die Sie für ihn reserviert haben, nicht ausnahmsweise mal besuchen?«

Ein langgezogenes »Mmmm ...« war die Antwort. Dann sagte er: »Tut mir leid. Das geht nicht.« Unser Gespräch war zu Ende.

Raf verließ jetzt sein Zimmer nur noch, um sich Essen zu holen oder auf die Toilette zu gehen. Man konnte die muffige Luft in seinem Zimmer im Flur riechen.

In dieser Periode, die ungefähr ein halbes Jahr dauerte, ging er nicht mehr als dreimal an die frische Luft, immer nur nachts. Dann räumte ich schnell sein Zimmer auf, öffnete das Fenster und bezog sein Bett frisch. Zweimal brachte ihn die Polizei nach Hause. Damals waren die Polizisten noch nicht so viel gewöhnt wie heute, und Raf fiel auf, weil er so langsam mit gesenktem Kopf lief und keine Antwort gab, wenn er angesprochen wurde. Das zweite Mal kam ein Polizist mit hoch. Er schaute mich mitleidig an.

»Wie ist es nur so weit gekommen?« fragte er. Ich hatte auf diese Frage keine Antwort. »Der Junge braucht doch Hilfe«, sagte der Polizist ernst. Da ich jedoch von niemandem Hilfe bekam, machte seine Bemerkung mich nur noch unglücklicher und verzweifelter.

Während dieses Gesprächs starrte Raf immer auf den gleichen

Punkt im Wohnzimmer und reagierte überhaupt nicht, als ob das Gespräch ihn nichts anginge.

Ich lebte in meinem Haus wie mit einem Schatten zusammen, der kein Wort sprach, und ich hielt es durch, weil ich immer noch auf eine plötzliche Metamorphose hoffte. Ich konnte immer weniger begreifen, warum die heilpädagogische Beratungsstelle mich im Stich ließ. Nicht nur der Psychiater, sondern auch die Sozialarbeiterin ließen mich mit einem mir vollkommen unbekannten Problem allein. Jetzt fing auch die Sozialarbeiterin an, sich jedesmal zu räuspern, wenn ich ihr eine konkrete Frage stellte. Kurz danach entschloß sie sich, ihre Gespräche mit mir zu beenden und sie erst dann wieder aufzunehmen, wenn auch Raf seinen Psychiater wieder besuchen würde. Und während dieser ganzen Zeit erkundigte sie sich nicht ein einziges Mal nach ihm.

Einem von Rafs Freunden, der ihn unbedingt sehen wollte, gelang es, in sein Zimmer zu kommen, nachdem er eine halbe Stunde lang an die Tür geklopft und ihm zugeredet hatte. Während dieses Besuches ließ Raf die Tür offen, und ich sah ihn schweigend auf seinem Bett liegen mit einem Kissen auf dem Kopf. Doch wie ruhig der Freund auch auf ihn einredete, Raf war nicht aus seiner Isolation herauszukriegen. Später legte er sich öfter ein Kissen auf den Kopf, wenn er nicht gestört werden wollte.

Ein anderer Freund und Klassenkamerad von Raf, mit dem er früher noch am meisten Kontakt gehabt hatte, wurde von ihm empfangen, als ob er ein völlig Unbekannter wäre. »Raf, hör' doch auf! Ich bin's doch, Frits!« rief er. Als er jedoch nur ein kühles Lächeln als Antwort bekam, ging er vollkommen durcheinander wieder weg.

Nach einiger Zeit rief ich den Psychiater wieder an, um ihn zu bewegen, Raf zu besuchen. Aber schließlich, als ich ihn wiederholt um Hilfe gebeten hatte, gab er mir ungeduldig den Rat, mich mit dem städtischen Gesundheitsamt in Verbindung zu setzen, wenn ich der Lage allein nicht gewachsen wäre. Der Ton, in dem er mir antwortete, gab mir das Gefühl, daß er der Meinung war, daß ich ihn unnötigerweise belästigt hätte; und das, obwohl die Stunden, die er für Raf reserviert hatte, bisher von der heilpädagogischen

Beratungsstelle und von mir zu hundert Prozent bezahlt worden waren.

Am nächsten Tag rief ich das Gesundheitsamt an. Vermutlich hatte Raf dieses Gespräch irgendwie mitbekommen, denn als der Psychiater vom Gesundheitsamt erschien und ich zusammen mit ihm Rafs Zimmer betrat, stand er dort schon angezogen und gekämmt und wartete. Ich war so erstaunt, daß ich kein Wort hervorbrachte. Er gab dem Psychiater die Hand und erwiderte auf dessen Frage, wie es ihm gehe, in vollkommen normalem Ton: »Gut, Herr Doktor. Eine Zeitlang fühlte ich mich nicht so besonders, jetzt geht's aber wieder.«

Dann fragte er den Arzt, ob dieser ihm einen Tennisklub empfehlen könne. »Ich möchte wieder Sport treiben, um meine Kondition wieder in Ordnung zu bringen«, sagte er.

Nach diesem kurzen Gespräch schaute der Psychiater mich verärgert an, sagte, Raf fehle nichts, und verschwand.

Als wir wieder allein waren, verhielt Raf sich vollkommen gefühllos. Er sagte nichts, schob mich ruhig aus seinem Zimmer hinaus, schloß die Tür hinter mir ab und ging vermutlich wieder ins Bett. Es war beängstigend still im Haus. Da stand ich, allein, und drückte mir die Fingerknöchel an die Schläfen. Es war alles so schnell gegangen. Das Gefühl der Verlassenheit und der Machtlosigkeit über so viel Unverständnis machte mir schweres Herzklopfen. Panik und Wut stiegen in mir auf. Nach einem langen Weinkrampf kam ich einigermaßen zur Ruhe. Aber ich wurde mit dem, was geschehen war, nicht fertig.

»Was ist das bloß für eine Krankheit, durch die ein Mensch sich derart verändern kann?« fragte ich mich. » Wie ist es möglich, daß so ein freundlicher, ruhiger und intelligenter Junge wie Raf sich zu solch einem gefühllosen, fast grausamen Wesen entwickelt hat, daß er fast ein Fremder für mich geworden ist?«

Mir wurde klar, daß ich nichts über seine Krankheit wußte und bisher auch noch nicht den Mut gehabt hatte, mich näher danach zu erkundigen. Ich wollte die Hoffnung nicht verlieren. Die letzten Entwicklungen ließen mir jedoch keine Ruhe, und ich entschloß mich, nach Monaten wieder die Sozialarbeiterin anzurufen.

Als ich ihre Stimme hörte, die immer so beherrscht und freundlich klang, wurde ich böse. »Sie sprechen mit Frau Anstadt«, sagte ich förmlich. »Jetzt habe ich lange genug gewartet. Weshalb darf ich nicht mehr mit Ihnen reden und weshalb sagen Sie mir nicht, was mit Raf los ist? Sie müssen doch schon öfters so etwas mitgemacht haben und folglich die Symptome wiedererkennen? Sie sind die Sozialarbeiterin, die mir zugewiesen worden ist. Sie könnten mir doch sagen, was noch auf mich zukommt? Aber Sie und der Psychiater lassen mich vollkommen im Stich; Sie erkundigen sich nicht mal danach, wie es Raf geht.«

»Ich habe alles Verständnis dafür, daß Sie es schwer haben«, sagte die Stimme am anderen Ende der Leitung, »aber momentan können wir nichts für Sie tun. Wie der Psychiater schon gesagt hat: Zuerst muß Raf selbst zu einem Gespräch kommen.«

Ich war bestürzt. »Aber Frau Hendriks, gerade weil Raf krank ist, geht er nicht zu seinem Psychiater. Er ist in seinem chaotischen Zustand unfähig zu kommen. Das wissen Sie doch!« schrie ich.

»Versuchen Sie, möglichst ruhig zu bleiben, Frau Anstadt. Vielleicht geht es demnächst wieder etwas aufwärts. Ich wünsche Ihnen in dieser Lage viel Kraft.«

Als sie aufgehängt hatte, wurde mir klar, daß auch dieses Gespräch, nicht anders als jenes mit dem Psychiater am Abend davor, nur dazu diente, mich aus allem herauszuhalten. Ich bekam das Gefühl, daß eine Verschwörung gegen mich im Gange war.

Die Tage zu Hause verliefen unwirklich. Alles war still. Doch trotz meiner Einsamkeit wußte ich, daß ich froh sein mußte, daß Sabina nicht mehr bei mir wohnte. In dieser kranken Umgebung war für sie kein Platz mehr. Bei ihrem Vater ging es ihr ziemlich gut, wenn sie in der Schule auch die gleichen Probleme hatte wie früher, als sie noch bei mir wohnte. Wenn sie nach Amsterdam kam, besuchte sie ihre alten Bekannten. Sie versuchte zwar, zu Raf Kontakt zu bekommen, aber sie konnte die veränderte Situation nicht verstehen, und das beängstigte sie. Damals, als sie weggegangen war, war mit Raf alles noch ziemlich in Ordnung gewesen.

In den letzten Wochen war die Stimmung zu Hause immer deprimierender geworden. Immer mehr verspürte ich das Bedürfnis, mit anderen über Rafs Zustand zu reden, vielleicht würde mir das helfen. Manchen meiner Freunde waren Geistesgestörte derart unheimlich, daß sie sich nie nach Raf erkundigten und verlegen und verärgert reagierten, wenn ich anfing, über ihn zu reden. Aber jetzt fühlte ich, daß ich trotz ihrer Abneigung über dieses Problem reden mußte, wenn ich aus meiner Isolation herauskommen wollte.

Eines Tages hörte ich plötzlich, daß Raf eine Platte von Bob Dylan aufgelegt hatte, die er sich auch früher öfter angehört hatte. Dann duschte er sich, etwas, was schon wochenlang nicht mehr passiert war. Am nächsten Tag kam er angezogen ins Wohnzimmer und sagte, er habe sich einigermaßen erholt und würde wahrscheinlich in einigen Tagen wieder zur Schule gehen. Daraus schloß ich, daß er sich nicht darüber im klaren war, wie lange er schon außerhalb der Realität gelebt hatte, und daß er nicht wußte, daß er schon ein halbes Jahr lang nicht mehr zur Schule gegangen war. Er sah merkwürdig aus.

Er lief stolz, mit hoch erhobenem Kopf umher. Seine Augen, die er früher immer so weit geöffnet hatte, hielt er jetzt fast geschlossen.

»Hast du Kopfschmerzen?« fragte ich.

Er leugnete das zwar, aber schaute auch weiterhin in dieser sonderbaren Weise durch die Augenschlitze. Ich hatte schon bemerkt, daß sein Verhalten seit dem Anfang seiner Krankheit vollkommen unberechenbar geworden war. Wenn es ihm einigermaßen gut ging, versuchte er das zu tun, was getan werden mußte; dann aber blieb er plötzlich wieder im Bett liegen, manchmal wochenlang, ununterbrochen, vollkommen schweigend und ohne jemanden wiederzuerkennen.

Eine Woche später kam er an einem Nachmittag plötzlich im Mantel ins Wohnzimmer und sagte, als ob es die normalste Sache der Welt wäre: »Ich geh' zum Psychiater.«

Wie verabredet, rief ich danach die Sozialarbeiterin an. Sie schaute mich, als ich sie besuchte, ernst an. »Es schien uns richtig, Rafs Therapie etwas zu ändern«, sagte sie. »Die heilpädagogische Beratungsstelle hält es bei näherer Betrachtung für falsch, Raf an Gruppengesprächen teilnehmen zu lassen, wie bisher vorgesehen war.«

Doch auch jetzt wurde mir wieder nichts erklärt. Dieses geheimnisvolle Verhalten der Mitarbeiter der heilpädagogischen Beratungsstelle gab mir allmählich das Gefühl, daß Rafs Krankheit zu jenen gehörte, über die man lieber schweigt. Das verschaffte mir ein Gefühl der Unterlegenheit, das mir die Kraft nahm, mich aufzulehnen. Wenn ich dann Raf wieder zu Hause erlebte, fragte ich mich verzweifelt, weshalb man mich eigentlich so alleine und ohne Hilfe ließ. Eine Krankheit müßte doch heilbar sein, entweder in einem Krankenhaus oder aber mit Hilfe von Medikamenten.

Raf war wieder vollkommen in sein altes Verhaltensmuster zurückgefallen. Oft zog er sich erst am späten Nachmittag an, und ab und zu kamen dann ein paar Freunde. Auf die Dauer blieb er wieder tagelang im Bett.

Ich las Bücher zum Thema Identitätskrise, von der die Sozialarbeiterin gesprochen hatte, und versuchte, den Mut nicht zu verlieren.

3 Ferien

Inzwischen war von Kontakt zwischen Raf und mir keine Rede mehr. Raf lebte wie in einer Privatwelt im eigenen Zimmer, das er merkwürdig dekoriert hatte. An den Wänden unterhalb der Decke hatte er Nägel eingeschlagen, an denen er schwarze Wollfäden von der einen Wand zur anderen gespannt hatte, wie ein Spinngewebe. Die Decke war dadurch um einen halben Meter niedriger geworden. An diesen Fäden hingen ungefähr dreißig rote Troddeln herunter, so, daß Raf gerade noch darunter durchgehen konnte, ohne sie zu berühren.

Als einziges Lebenszeichen hörte ich immer die gleiche Musik. Plötzlich kapierte ich, weshalb Raf so merkwürdig durch die Spalten seiner Augen blickte. Er hielt seinen Kopf genauso wie Bob Dylan auf der Hülle seiner letzten Schallplatte.

Rafs Freund Frits, der bei seinem letzten Besuch so unfreundlich empfangen worden war, hatte den Mut nicht verloren und stand eines Morgens wieder vor der Tür. »Du?« sagte ich erstaunt. »Ich denke nicht, daß Raf dich hereinläßt.«

Dieses Mal wurde Frits jedoch nicht fortgeschickt. Durch die Mauer hindurch hörte ich sogar Bruchteile eines Gesprächs. Zu meinem Erstaunen kam Frits jetzt immer häufiger. Manchmal sogar ging er nicht in die Schule und blieb ganze Nächte, die Raf und er mit Gesprächen und mit Schallplattenhören verbrachten, und zwar dermaßen laut, daß ich nicht schlafen konnte. Als es mir zuviel wurde, klopfte ich an die Tür und sagte: »Frits, du mußt jetzt nach Hause. Ich mag diese Übernachtungen nicht. Du kannst hier nicht wohnen.«

»Ich bin nicht bei Ihnen zu Besuch, sondern bei Raf«, antwortete er. »Ich habe nicht das Gefühl, daß ich Sie belästige.« Er schloß die Tür zu, und ich konnte weiter nichts tun.

In der gleichen Woche rief seine Mutter mich an und fragte, ob ich ihren minderjährigen Sohn nicht nach Hause schicken wolle, weil sie ihn sonst von der Polizei holen lassen würde. »Ja, das scheint mir das beste«, antwortete ich, »denn mir gelingt es nicht.«

Als die Polizei kam, ging Frits ohne Protest mit; einige Tage später war er jedoch wieder bei Raf.

Der Sommer kam, und Raf fühlte sich ein bißchen weniger krank. »Frits und ich fahren in diesen Ferien nach Schweden«, teilte er mir mit. Zuerst erschrak ich, als ich dann jedoch darüber nachgedacht hatte, erleichterte es mich sogar ein wenig. Vielleicht würde eine solche Reise ihm gut tun, hoffte ich.

Als der Tag der Abreise näher kam, wurden Frits und Raf von Tag zu Tag aufgeregter. Von einem Augenblick zum anderen schwankten sie zwischen Zweifeln und Unternehmungslust. Die Reise wurde immer wieder verschoben. Raf fand ständig neue Gründe, noch einen Tag zu warten. Ihr Gepäck wurde umfangreicher und war fast nicht mehr zu schleppen. Dieses Hin und Her ging mir dermaßen auf die Nerven, daß ich eines Tages sagte: »Wenn ihr jetzt nicht geht, werfe ich zuerst euer Gepäck raus und dann euch.« Obwohl ich Mitleid mit ihnen hatte, war ich doch der Meinung, daß sie jetzt konsequent sein sollten. Schließlich reisten sie ab.

Die wohltätige Ruhe im Anschluß an Rafs Abreise nahm ein Ende, als ich eine Woche später angerufen wurde. »Polizei«, hörte ich auf Deutsch, »sind Sie die Mutter von Raf Keller?« »Ja«, antwortete ich erschreckt. »Wir haben Ihren Sohn beim Anhalten auf der Straße angetroffen und fanden es unverantwortlich, ihn weiterfahren zu lassen. Er machte auf uns einen chaotischen Eindruck. Wußten Sie, daß er im Ausland ist?«

»Ist etwas passiert?« Das war nicht der Fall.

»Wenn Sie nicht die Genehmigung erteilen, daß er per Anhalter weiterfährt, werden wir ihn nach Holland zurückschicken«, sagten sie. Ich wußte, daß Raf sich nicht schicken lassen würde, und ich antwortete: »Lassen Sie ihn nur, er macht doch, was er will.«

Dann hörte ich den ganzen Monat nichts mehr von und über Raf. Erst als er wieder nach Holland zurückkam, rief er vom Hauptbahnhof an. »Holst du mich ab, Mutti?« fragte er mit müder, matter Stimme. »Für ein Taxi habe ich kein Geld mehr und gehen kann ich nicht, denn ich hab' etwas am Fuß.«

Erleichtert, daß ich seine Stimme wieder gehört hatte, rief ich eine Freundin an, die ein Auto hatte, und wir fuhren zum Bahnhof.

Da standen die zwei. Raf hatte eine Hand in einem Schultertuch und trug nur einen Schuh. Er sah verwildert aus und zeigte keinerlei Freude, als er mich wiedersah. Auch im Auto sagte er nichts. Als wir zu Hause waren, fragte er: »Willst du mir helfen? Ich will eine Plastiktüte um meine Hand und um meinen Fuß wickeln, dann kann ich unter die Dusche. Ich habe mich die ganze Zeit fast nicht gewaschen.«

Es zeigte sich, daß er verwirrter und trauriger war als vor seiner Abreise. Mir fiel auch auf, wie ausdruckslos er mich anschaute. Nach einigen Tagen wußte ich immer noch nichts über seine Reise. »Kannst du denn nichts erzählen?« fragte ich, als ich ihm in der Küche begegnete. »Irgendwo mußt du diesen Finger doch gebrochen und diesen Zeh verbrannt haben?«

»Ach, eine Luke ist auf meinen Finger gefallen«, sagte er gereizt.

»Und dein Fuß?« fragte ich weiter. »Darauf ist eine heiße Kaffeekanne gefallen, als ich gegen den Kocher stieß.«

Bei einer anderen Gelegenheit bekam ich nur noch aus ihm heraus, daß er den Leiter des Campingplatzes nicht gemocht hatte.

Frits ließ sich nicht mehr blicken. Raf schlief wieder tagsüber und lief nachts herum. Einmal, nachts, als seine Tür offen war und ich vorbeilief, sah ich, wie er angezogen auf seinem Bett saß. Er starrte vor sich hin und lächelte mit merkwürdig glänzenden Augen, wie wenn er etwas Schönes in der Ferne sähe. Seine Lippen bewegten sich. Er sprach mit sich selbst, was ich vorher noch nicht an ihm beobachtet hatte.

Er schloß sich wieder ein und verließ nur alle zwei Wochen das Haus, um im Krankenhaus seinen Finger behandeln zu lassen. Wie üblich, wollte ich dann seine Abwesenheit dazu benutzen, sein Zimmer aufzuräumen. Als ich die Tür aufmachte, erschrak ich vor der makabren, gespenstischen Atmosphäre. Zuerst fiel mir wieder die schwarze Spinngewebe-Decke auf mit den roten Troddeln, aber jetzt war auch der Fußboden mit kleinen weißen Fäden besät, die sorgfältig über den ganzen Raum verteilt waren. Rafs Matratze, die ursprünglich gelb gewesen war, war an der Oberseite kahl gerupft. Eine dunkelgraue Stelle aus Schaumgummi starrte mich an. Raf muß nächtelang damit beschäftigt gewesen sein, nicht nur seinen Gipsverband auseinanderzupflücken, sondern auch seine Matratze abzurupfen.

Sein Arzt rief mich an und fragte, was Raf eigentlich mit seinem Gipsverband mache. Er würde in Fransen um seine Hand baumeln und müßte jedes Mal erneuert werden. Ich erzählte ihm etwas über Rafs Krankheit und über den Zustand, in dem ich sein Zimmer vorgefunden hatte.

Der Kontakt zwischen Raf und mir war jetzt noch schwieriger geworden. Dennoch teilte er mir eines Tages mit, daß er nach den Ferien wieder in die Schule gehen würde, was mir zwar unwahrscheinlich schien, was ich aber gerne glauben wollte.

»Weiß man, daß du kommst?« fragte ich. »Es ist schon so lange her.« Er schaute mich herablassend an. »Ich gehe halt«, sagte er kurz.

Am Tag bevor die Schule anfing, suchte er seine Bücher zusammen und packte sie sorgfältig in seine Tasche. Am nächsten Morgen kam er rechtzeitig aus seinem Bett und frühstückte schweigend mit mir. Als es Zeit für ihn war zu gehen, stellte ich fest, daß er keine Anstalten dazu traf.

»Raf«, sagte ich, »du mußt gehen.«

Wieder schaute er mich mit jenem kalten, fast teuflischen Lächeln an und sagte zwischen den Zähnen hindurch: »Ach ja, dachtest du das?«

Da verlor ich meine Selbstbeherrschung. »Jetzt reicht's mir aber«, schrie ich. »Dieses abscheuliche Leben halte ich nicht mehr aus. Du mußt jetzt bei deinem Entschluß bleiben, und du darfst dich nicht so unmenschlich verhalten.« Ich stampfte mit den Füßen, weil ich immer noch nicht die Hoffnung aufgeben wollte, daß ich ihn zur Besinnung bringen könnte. Ich hatte bis dahin für all seine Entgleisungen eine Erklärung gefunden. Ich hatte glauben wollen, daß er seine Gitarre, auf der er so gerne spielte, fallen gelassen und nicht in einem verwirrten Wutanfall auf den Boden geworfen hatte. Ich hatte glauben wollen, daß er seine Tür nicht hatte aufmachen können und deshalb in seinem Zimmer auf einer

Zeitung defäkiert hatte. Ich konnte nicht akzeptieren, daß in einer so kurzen Zeit eine dermaßen weitgehende Veränderung in ihm stattgefunden hatte. Jetzt aber fragte ich mich voller Wut, ob ich denn wirklich erwartet hatte, daß er in die Schule gehen würde. Durch den kalten, herausfordernden Blick, mit dem er mich anschaute, konnte ich keinerlei Mitleid mehr empfinden. Ich fühlte, wie ich selber eiskalt wurde. Eine unbezwingbare Wut stieg in mir auf. Ich suchte um mich herum, ergriff einen schweren Aschenbecher und warf ihn ihm regelrecht an den Kopf. Er zog den Kopf ein und griff mit beiden Händen nach der schmerzhaften Stelle, ohne einen Ton von sich zu geben. Diese Bewegung hatte plötzlich wieder etwas Menschliches. Ein jähes Mitleid ergriff mich. Ich bekam einen unbändigen Weinkrampf, und Raf verhielt sich plötzlich wieder wie der vertraute, besorgte Raf von einst. Wie wenn ein alter Film ablief, sagte er in einem freundlichen, verständnisvollen Ton: »Mutti, sei ruhig.« Dann sagte er, daß er meinen Bruder anrufen würde.

Ich empfand gleichzeitig Mitleid, Schuld und Erbitterung. Ich verlor vollkommen die Fassung und konnte nicht mehr aufhören zu weinen, als ob ich plötzlich alles loswerden müßte. Ich nahm Raf das Telefon aus der Hand, als er meinen Bruder anrief, und sagte: »Du mußt Raf sofort abholen. Ich halte es nicht mehr aus. Es ist mir egal, was du machst, aber jetzt muß endlich Schluß sein.«

Die Reaktion meines Bruders zeigte mir, daß er schon früher damit gerechnet hatte. Er kam schnell. Raf war dermaßen erschrocken, daß er alles regeln ließ.

Nachdem mein Bruder sich ein Bild von der Situation gemacht hatte, rief er eine Freundin an, die zu einer Verantwortlichen für Sozialarbeit Kontakte hatte und vereinbarte mit ihr einen Termin. Ich hatte den Eindruck, daß sie schon einen Plan geschmiedet hatten für den Fall, daß es bei mir zu Hause schiefgehen würde.

Raf ging jetzt still mit Rudie weg, schaute noch kurz nach mir und sagte: »Gute Besserung, Mutti.«

Nachdem sie weggegangen waren, fing ich wieder zu weinen an und konnte nicht mehr aufhören, besonders deshalb, weil ich mich Raf gegenüber, der plötzlich so normal und besorgt gewesen war, so schuldig fühlte.

Mein Bruder hatte eine Freundin angerufen, die jetzt bei mir vorbeikam, aber auch sie konnte mich nicht beruhigen. Sie rief meinen Arzt an. »Ich gebe dir jetzt ein Beruhigungsmittel«, sagte er, »und wenn du dich beruhigt hast, will ich mal ausführlich mit dir über Raf reden.«

»In Ordnung«, sagte ich. Wiederum fühlte ich jedoch, daß ich lieber getröstet werden als die Wahrheit erfahren wollte.

Am gleichen Abend erzählte mir mein Bruder, daß ich mir vor allem keine Sorgen machen sollte. »Raf ist hier in Amsterdam in einem Jugendinternat, wo Platz für ihn war. Sorge jetzt erst einmal dafür, daß du selbst wieder ein wenig Atem schöpfst, und sobald du dazu in der Lage bist, besuchst du ihn einfach.«

Als ich Raf aufsuchte, zeigte sich, daß er sich in dieser neuen Umgebung sichtlich erholt hatte. Er ging wieder in die Schule und verhielt sich genauso hilfsbereit und freundlich wie früher. Später zeigte sich, daß er sich in jeder neuen Umgebung immer wieder einige Zeit erholte, daß er jedoch, sobald er sich eingelebt hatte, in sein altes Muster zurückfiel und sich wieder seine halluzinatorische Welt schuf.

Er sprach nicht über das, was zu Hause passiert war, als ob er alles vergessen hätte. Nur das Pflaster an seiner Stirn erinnerte noch daran. Noch bevor zwei Monate vergangen waren, fing er jedoch mit den wunderlichsten Geschichten über das Internat an. »Mutti, ich muß da weg«, sagte er. »Da ist ein Junge bei uns, der ist so kräftig wie ein Affe. Er belästigt mich ständig und will den ganzen Tag mit mir kämpfen. Gestern ist er in die Holzverkleidung der Decke gesprungen, und die hängt jetzt zur Hälfte herunter. Ich habe Angst, daß er meine Gitarre kaputt machen wird. Die will er immer haben.«

Als ich jedoch deswegen das Internat anrief, stellte sich heraus, daß an der Geschichte nichts Wahres war. Schließlich konnte Raf wegen seines abweichenden Verhaltens dort nicht länger bleiben. Was mir aber zu Hause nicht gelungen war, das schafften die dort. Jetzt kam Hilfe von seiten des Gesundheitsamtes, und man ließ sich nicht einschüchtern, wie ich es getan hatte. Innerhalb von drei Monaten bat die Internatsleitung mich um die Genehmigung, Raf in eine psychiatrische Anstalt aufnehmen zu lassen. Ich willigte ein, auch wenn dieser Gedanke mir Angst machte.

»Es wird schwierig«, sagte der Direktor, als ich ihn anrief, um mich danach zu erkundigen, wie Raf auf seinen Abschied aus dem Internat reagiert hatte. »Raf hat große Angst vor der Aufnahme, obwohl wir ihn darauf vorbereitet haben. Weil er so stark in sich gekehrt ist, konnten wir uns nicht vorstellen, daß seine Angst dermaßen groß sein würde. Als die Leute vom Gesundheitsdienst heute morgen erschienen, um ihn abzuholen, hat er sich auf dem Klo eingeschlossen. Wir wollen die Sache nicht auf die Spitze treiben. Deshalb haben wir uns dazu entschlossen, die Aufnahme zu verschieben. Wir wollen schauen, ob wir ihm noch helfen können.«

Der Direktor war ein sanftmütiger Mann, und ich vertraute ihm. Aber meine eigenen Gefühle verwirrten mich. Ich hatte von dieser Aufnahme, die jetzt doch wieder verschoben wurde, die endgültige Heilung erwartet.

Ich brauchte nicht lange in Ungewißheit zu bleiben. Es zeigte sich, daß Raf jetzt noch schwieriger zu halten war als vorher, und die Internatsleitung entschloß sich, die Aufnahme durchzusetzen.

4 Pavillon Drei

Pavillon Drei war die erste Anstalt, in die Raf aufgenommen wurde. Nach einer Woche bekamen wir Erlaubnis, ihn zu besuchen. Hans, Sabina und ich verabredeten uns an der Pforte.

Wir klingelten, und nach einiger Zeit hörten wir den Lärm eines klappernden Schlüsselbundes. Jemand näherte sich mit raschen Schritten, und es blieb eine Weile still, bevor die Tür unter Geräusch aufgemacht wurde.

Das Gebäude sah von innen alt, dunkel und traurig aus. Wir mußten durch einen dreißig Meter langen Flur hindurch, und es ärgerte mich, daß wir dort vor einer zweiten, pfortenähnlichen Tür wieder zehn Minuten warten mußten, bis uns aufgemacht wurde. Im Gegensatz jedoch zum ersten Flur war es in diesem zweiten recht belebt. Rechts sahen wir einen großen, schmutzigen, dunklen Saal, aus dem uns ein unangenehmer Geruch entgegenkam. Dort befanden sich sechzehn Betten. Links waren kleine Zimmerchen mit jeweils einem Bett. Wie wir durch die geöffneten Türen sehen konnten, lagen in all diesen Betten Menschen, die schliefen. Später hörten wir, daß diese Patienten eine Schlafkur machten.

Im Flur liefen Männer und Jungs in weißen Schlafanzügen herum, die einem Judoanzug ähnlich sahen. Ein Junge, der den Eindruck machte, als hätte er an einer Schlägerei teilgenommen, mit einem Gesicht voller blauer Flecken, sprach uns grimmig an. »Schau mal, was sie hier mit einem machen«, sagte er böse. »Sie schlagen dich tot, wenn du nicht tust, was sie sagen. Schöner Haufen.«

»Das darf doch nicht wahr sein«, sagte ich erschreckt. »Das machen sie hier doch nicht? Was ist passiert?«

Der Junge schaute mich starr und böse an und ging weiter, ohne ein Wort zu verlieren. Kurz danach sprach er wieder, aber mit sich selbst.

Auf beiden Seiten des Flurs waren Bänke aufgestellt, auf denen Männer saßen. Manche weinten, andere lachten oder schüttelten ihren Körper, als ob sie sich selbst in den Schlaf wiegen wollten. Ein geschminkter Junge kam mit hastigen, kleinen Schritten vorbei. Er hatte Frauenkleider an und trug eine rote Perücke. Sein Adamsapfel war auffallend groß.

»Was soll Raf hier? Er gehört nicht hierher«, dachte ich.

Am Ende dieses zweiten Flurs sahen wir Zimmer, deren kleine Fenster, weit über Augenhöhe, mit Gittern versehen waren. In einem dieser Zimmerchen saß Raf. Er empfing uns wütend, schob uns nach draußen und lief mit uns mit.

»Du hast deinen eigenen Sohn in ein Irrenhaus stecken lassen«, sagte er erbittert. »Hier bleibe ich nicht. Ich will, daß du mich wieder mitnimmst.« Der erste Eindruck, den ich von der Anstalt gewonnen hatte, gab mir das Gefühl, daß er recht hatte.

»Du wirst nicht lange bleiben«, sagte Hans mit von Nervosität entstellter Stimme. »Du wirst bald wieder zu Hause sein.«

Sabina kämpfte mit den Tränen.

»Nimm mich mit. Verdammt noch mal, nimm mich mit, nimm mich mit«, schrie Raf. »Ich will nicht hier bleiben.« Seine Stimme überschlug sich. Ich hatte ihn nur selten richtig schreien hören. Er schlug mit seinen Fäusten gegen das bruchfeste Glas eines Türfensters und fing an, mit der ohnmächtigen Wut des Verlierers mit allem, was er nur in die Hände bekommen konnte, um sich zu werfen, Stühlen, Aschenbechern und Vasen. Sein Schreien steigerte sich zum Heulen, ohne aufzuhören. Wir standen da, unfähig, etwas zu tun.

Kräftige Männer in weißen Kitteln erschienen. Sie hatten einen gefalteten, länglichen Lappen aus schwerem, weißem Stoff bei sich, mit dem sie sich Raf näherten. Auch die Oberschwester war bei ihnen. Raf versuchte, sich mit all seiner Kraft zu verteidigen. »Geh weg! Geh weg!« schrie er und schlug um sich. Und dann: »Mutti, Mutti!« Dann hörten wir ihn nur noch heulen.

In Panik lief ich davon, schloß meine Augen, steckte mir die Finger in die Ohren und preßte mich in einer Ecke des Raumes an die Mauer, als ob ich mich hindurcharbeiten wollte. Ich klapperte mit den Zähnen und schüttelte den Kopf, um nur nichts fühlen zu müssen.

Rafs Heulen ging über in müdes Wimmern. Die Oberschwester brachte mir ein Glas Wasser und eine Beruhigungstablette. »Nehmen Sie das nur«, sagte sie.

Ich sah, daß ihre Hände aufgekratzt und blutig waren und schaute sie fragend an. »Das geschieht halt«, sagte sie beschönigend. »Ihr Sohn hat in den letzten Stunden vieles durchstehen müssen. Dieser Wutausbruch war nicht zu vermeiden.«

Raf wälzte sich immer noch über den Boden des Flurs, im Kampf mit den kräftigen Krankenpflegern. Und ich hatte jetzt nur noch den Wunsch, ihn mit nach Hause zu nehmen und ihn zu beschützen. Rafs Heulen und seine Hilferufe hallten noch tagelang in meinen Ohren wider und ließen ein dumpfes Schuldgefühl bei mir zurück.

Gleich bei meinem nächsten Besuch wollte die Oberschwester mich sprechen. »Ich verstehe Ihre Angst wegen unserem unsanften Vorgehen am ersten Tag«, sagte sie mit einer ruhigen, vertrauenerweckenden Stimme. »Aber es war nötig. Bei diesen starken Wutausbrüchen besteht die Gefahr, daß der Patient sich selbst etwas antut, manchmal mit ernsteren Folgen als die Maßnahmen, die wir treffen müssen, um dies zu verhindern. Raf hat, nachdem Sie weggegangen sind, eine Spritze bekommen und hat dann ruhig geschlafen.«

Das leuchtete mir ein. Als ich dann jedoch Rafs Abteilung wieder betrat und ihn wie ein in einen Käfig eingesperrtes Tier im Flur hin und her gehen sah, mit einem verwunderten Blick, wie ich als Mutter ihn dermaßen hatte verraten können, half dieses Verstehen mir nicht, und Mitleid und Schuldgefühle bekamen wieder die Oberhand.

Ich besuchte ihn jetzt täglich. Allmählich fing er an, sich ruhiger zu verhalten und er erwartete, bald wieder zu Hause zu sein. Die Oberschwester erklärte mir, daß er jetzt zuerst vierzehn Tage beobachtet werden sollte. In dieser Zeit würde sein Verhalten kontrolliert und mit dem Psychiater besprochen werden. Auch würde eine ausführliche Untersuchung stattfinden.

»Raf befindet sich zur Zeit in einer Forschungsabteilung«, erklärte mir die Schwester. »Hier werden so gut wie keine Medikamente verabreicht, es sei denn, daß es unbedingt notwendig wäre. Auf diesem Weg versuchen wir, ein möglichst klares Bild von der Art der Krankheit zu bekommen. Dies ist auch der Grund, warum die Menschen so erschrecken, wenn sie hereinkommen. Den ernsthaft Gestörten, die Sie im Flur sehen, können wir zunächst nicht helfen. Erst dann, wenn der Psychiater eine Diagnose gestellt hat, kann zu einer Intensivbehandlung übergegangen werden. Dies kann vorübergehend im Pavillon Drei selbst geschehen, aber auch mit Medikamenten zu Hause, oder in einer psychiatrischen Anstalt außerhalb der Stadt, wo die Patienten sich beruhigen können. In dieser Übergangszeit können Schwierigkeiten auch dadurch entstehen, daß die Einstellung auf Medikamente manchmal lange Zeit erfordert. Nicht jedes Medikament wirkt wie erwartet.«

Ungefähr zwei Wochen nach Rafs Aufnahme traf ich den behandelnden Psychiater. »Raf ist sehr zurückhaltend«, sagte er. »Ich hätte gern demnächst ein Gespräch mit Ihnen und seinem Vater.«

Als ich zu ihm kam, erzählte ich ausführlich über Rafs Jugend. Ich sprach von Rafs Bedürfnis, schon als Kind, sich in Einsamkeit zurückzuziehen und von meiner Befürchtung, daß das Fehlen eines Vaters Rafs weiteres Leben würde beeinflussen können. Ich bekam das Gefühl, daß ich erwartete, seine Heilung beschleunigen zu können, indem ich über seine Jugend erzählte. »Eigentlich war Raf nie ein fröhliches Kind«, sagte ich. »Wenn ich ihn zudeckte und mit ihm scherzte, konnte er so rührend fröhlich lachen, daß es mir weh tat, wenn ich auch nicht weiß, warum.«

»Natürlich ist es für ein Kind schwierig, ohne Vater aufzuwachsen, wenn er bemerkt, daß andere Kinder einen haben«, antwortete der Psychiater. »Aber schließlich gibt es viele geschiedene Eltern, und die meisten Kinder sind nicht geistesgestört. Natürlich war es für Rafs Entwicklung ungünstig, daß die Scheidung dazukam. Dennoch vermute ich, daß diese Krankheit sich unter allen Umständen manifestiert hätte. Sein Verhalten, wie Sie es beschreiben, weist darauf hin, daß er schon seit seiner frühen Kindheit Schwierigkeiten hatte. Schon früh müssen Eindrücke von außen tief auf ihn eingewirkt haben. Er konnte, wie Sie erzählen, traurige Geschichten aus Büchern nicht aushalten. In Märchen kommen viele Grausamkeiten vor. Die meisten Kinder können das angstvoll genießen, und in der Regel entstehen bei ihnen keine Probleme auf Dauer. Im Gegenteil, sie können auf diesem Weg ihre eigene Aggressivität kanalisieren. Sie lernen schon früh, daß das, was dem Wolf bei Rotkäppchen widerfährt, in einer anderen Welt beheimatet ist. Raf hat das nie lernen können. Er identifiziert sich mit Helden und Opfern und war, wie ich annehme, nicht in der Lage, Phantasie von Realität zu unterscheiden. Wie Sie erzählten, identifizierte er sich mit den Helden aus seinen Jugendbüchern. Er verhielt sich wie Old Shatterhand und später wie der Popsänger Bob Dylan. Das geschieht bei Kindern öfter, es scheint mir jedoch, daß in Rafs Fall diese Identifizierung schon damals entgleiste. Die Grenze zwischen Ich und Nicht-Ich dürfte bei ihm zu unklar gewesen sein. Jedem kann es schon mal passieren, daß seine Phantasiewelt ihn beherrscht. Manchmal bleiben Bilder aus einem Traum nach dem Aufwachen noch kurz sichtbar, wenn wir auch wissen, daß sie nicht wirklich da sein können. Für Raf jedoch war die Welt von Traum, Phantasie und Realität schon in ganz jungem Alter weniger deutlich getrennt als bei anderen, wie auch aus dem Traum hervorgeht, den er als fünfjähriger Junge hatte. Auch später in der Schule zeigt sich, daß er sich trotz seines guten Verstandes immer schlechter konzentrieren konnte. Schon damals muß er, bevor Sie es bemerkten, richtig krank gewesen sein und dermaßen beschäftigt mit der anderen Welt in sich selbst, daß er den Anforderungen, die an ihn gestellt wurden, nicht mehr genügen konnte. Nur durch große Selbstdisziplin und eine enorme Willensstärke gelang es ihm, sich länger zu behaupten als zu erwarten war.«

Die Darstellung des Psychiaters beeindruckte mich sehr. Dennoch störte es mich, daß er mir nicht die Illusion gelassen hatte, es wäre alles halb so schlimm.

Ich besuchte Raf regelmäßig, der sich jetzt wieder ruhig verhielt, und es beruhigte mich, daß er Verständnis hatte für die Tatsache, daß die Aufnahme länger dauerte als er erwartet hatte. Doch bei einem meiner Besuche bemerkte ich, daß er sehr verwirrt war. »Was ist los?« fragte ich. »Weshalb bist du so unruhig?« Er versuchte zu leugnen, daß etwas los sei, und es gelang mir nur mit größter Mühe, es zu erfahren.

Er hatte durch all die Spannungen eine Obstipation bekommen, hatte ein Abführmittel eingenommen und am frühen Morgen entsetzt festgestellt, daß er ins Bett gemacht hatte.

»Ich fühle mich schon so scheußlich, weil ich hier sitze«, sagte er, mehr zu sich selbst als zu mir, »und jetzt das noch.« Er schüttelte seinen Kopf und sah traurig aus.

Rafs achtzehnter Geburtstag näherte sich, und er wollte ihn zu Hause feiern. Dazu hatte er seinen Psychiater um Genehmigung gebeten, diese aber nicht bekommen. Eine Woche vor seinem Geburtstag wurde ich von einer Krankenschwester angerufen. Ich hörte eine nüchtern klingende Stimme: »Bitte besuchen Sie Raf diese Woche nicht. Er fühlt sich nicht wohl und kann niemanden empfangen.«

Diese plötzliche Nachricht erschreckte mich. »Aber was ist denn mit ihm los?« fragte ich. »Das können Sie seinen Psychiater fragen, der jedoch im Augenblick nicht da ist. Rufen Sie morgen wieder an.«

Am nächsten Tag konnte ich den Psychiater wieder nicht erreichen. Ich rief jetzt täglich an, wurde aber immer wieder abgewimmelt. Schließlich hatte ich einen Krankenpfleger am Telefon, mit dem ich öfter gesprochen hatte und der meine Beunruhigung verstehen konnte. »Der Psychiater ist krank«, sagte er. »Er ist der einzige, der Auskunft erteilt. Ich verstehe, daß Sie wissen wollen, wie es Raf geht, aber ich kann Ihnen nicht helfen.«

»Aber er hat am Sonntag Geburtstag. Wir können ihn doch sicher besuchen?« fragte ich nachdrücklich.

»Ich werde mal fragen, ob das geht.« Nach einer kurzen Pause hörte ich wieder: »Kommen Sie nur am Sonntagmorgen.«

Mit einer Tasche voller Geschenke gingen wir an jenem Sonntag zur Anstalt, um Rafs Geburtstag zu feiern. Wir hatten keine Ahnung von Rafs Krankheit und erwarteten, ihn im Bett zu finden. Als wir Pavillon Drei erreichten, sagte der Krankenpfleger ernst: »Sie dürfen nur eine Viertelstunde bleiben. Raf verkraftet es nicht.«

Es ist mir immer noch unverständlich, daß wir nicht darüber informiert wurden, was mit Raf los war. Als wir sein Zimmer betraten, konnte ich kaum einen Aufschrei unterdrücken. Raf stammelte einige undeutliche Worte. Sein Genick war schief verzogen, sein Körper war krumm, so daß sein Kopf schräg stand. Seine Finger waren gespreizt, und er konnte sie kaum benutzen, wie wir später bemerkten. Er sah aus wie jemand, der in einer Verkrampfung erstarrt war. Wir erkannten an seinem Verhalten, daß er sich seiner Lage bewußt war. Seine Augen waren matt und traurig.

Wir wollten die Geschenke auspacken, um etwas zu tun und unseren Schrecken ein wenig einzudämmen. »Nein. Nicht. Ich kann nicht«, sagte Raf. Er setzte sich zu mir, schlug seine Arme um mich und fragte: »Mutti, was haben sie bloß mit mir gemacht?«

Damals wußte ich noch nichts über Nebenwirkungen bei der Überdosierung von Medikamenten. Man glaubte damals, daß dies zu einem guten Ergebnis führen könnte. Nach unserem Besuch fragte ich mich wieder, ob ich eigentlich gut daran getan hatte, Raf aufnehmen zu lassen. Ich hatte Angst vor dieser Behandlung.

Zu Hause sprachen wir nicht viel miteinander. Hans ging bald wieder mit Sabina nach Den Haag, und ich blieb allein zurück. Ich hatte ein schweres Gefühl in der Herzgegend und Atembeklemmung.

Am nächsten Tag wurde ich von der Oberschwester des Krankenhauses angerufen. Sie sagte, daß Raf den Rest der Woche keinen Besuch mehr haben dürfe. »Das ist besser für ihn. Er muß sich dermaßen anstrengen, wenn Sie da sind. Das geht augenblicklich über seine Kräfte.«

Nach dieser Woche erzählte der Psychiater, der eine große weiße Binde um ein Auge hatte, was passiert war. »Weil Raf sich dermaßen distanziert verhalten hatte, wollte ich mal einen anderen Raf sehen. Sie wissen, daß ich ihm nicht erlaubt habe, seinen Geburtstag zu Hause zu feiern. Als er mich fragte, ob er gehen dürfe, ergriff ich die Chance und sagte: »Du nach Hause? Jemand, der in sein Bett scheißt!«

Raf hatte ihn rasend vor Wut angegriffen und ihm ein blaues

Auge geschlagen. Der Psychiater hatte diese Kraft und Aggressivität nicht erwartet. Raf mußte mit einer Spritze beruhigt werden. »Wir mußten ihn danach noch eine Woche lang ruhigstellen. Gestern besuchte ich ihn wieder, und er hatte sich ziemlich erholt. Das erste, was er mich fragte, war: ›Was ist mit Ihrem Auge passiert?‹ Als ich es ihm erzählte, konnte er sich an gar nichts mehr erinnern. Ich habe den Eindruck, daß das alles nicht umsonst gewesen ist. Das Eis zwischen Raf und mir ist gebrochen. Wahrscheinlich hat er jetzt mehr Vertrauen zu mir, weil er es fair von mir findet, daß ich ihm nicht böse bin. Das könnte eine Öffnung für eine intensivere Behandlung sein.«

Bei meinem nächsten Besuch bemerkte ich, daß Raf sich tatsächlich schnell erholte. Er hatte die Augen wieder normal geöffnet, genau wie früher. Er ging gerade und wollte so schnell wie möglich wieder zur Schule. Dennoch fand ich, daß er sich kindlich und abhängig verhielt.

»Ich will bei Vati wohnen«, sagte er bei einem unserer Besuche. »Es scheint mir richtig, von einem Mann erzogen zu werden.«

Hans reagierte froh, aber gleichzeitig nervös auf diesen Wunsch. »Das finde ich eine vernünftige Entscheidung von dir, Raf«, sagte er. Auf mich jedoch machte Rafs Wunsch, bei Hans zu wohnen, einen merkwürdigen Eindruck.

»Im Gegensatz zu seinem Vater bin ich nicht der Meinung, daß es Raf richtig gut geht«, sagte ich zum Psychiater, als ich kurz mit ihm allein sprach. »Trotz all seiner Offenheit finde ich, daß er sich auch jetzt merkwürdig verhält.«

»Das ist auch der Fall, das sehen Sie richtig«, antwortete er und schaute besorgt drein. »Raf braucht noch eine längere Behandlung. Diese plötzliche Neigung zu seinem Vater macht auch auf mich den Eindruck, nicht authentisch zu sein. Darüber will ich mit Ihnen und seinem Vater reden. Wenn Sie Zeit haben, gehen wir auf mein Zimmer.«

Inzwischen kam auch Hans hinter uns her. Weil wir jedoch nicht den Mut hatten, durch unsere Fragen die ganze Wahrheit herauszubekommen, blieb vieles unausgesprochen. Wahrscheinlich verstand der Psychiater, daß wir der Lage noch nicht gewachsen waren und schob das, was er zu sagen hatte, noch eine Weile hinaus.

Raf sollte jetzt eine Zeitlang in eine Anstalt außerhalb der Stadt mit viel frischer Luft und Bewegungsfreiheit geschickt werden. Alles in allem war er vier Monate lang in Pavillon Drei.

5 Schizophren

Im Sommer wurde Raf in die neue Klinik in der Nähe von Den Haag, mit herrlichen Gärten und modernen Gebäuden, gebracht. Ich besuchte ihn zweimal in der Woche und war begeistert von der Umgebung und seinem hellen, sonnigen Zimmer. Ich hatte jedoch den Eindruck, daß Raf selbst sich nach Pavillon Drei zurücksehnte. Er wurde schweigsamer und verschloß sich immer mehr in sich selbst.

»Gefällt es dir hier nicht?« fragte ich beunruhigt. Ich wunderte mich über seine Antwort. »Es ist hier ganz angenehm. Man kann hier stundenlang spazierengehen, und wir haben gestern mit ein paar Leuten Fußball gespielt.« Das klang so, als wollte er mich beruhigen.

Dann wurde er wieder still, so als müßte er plötzlich an etwas anderes denken. Bei meinem nächsten Besuch stellte ich fest, daß er immer mehr Rückschritte machte. Nach zwei Monaten war er wieder unverkennbar krank, konnte sich jedoch, dank der Medikamente, vernünftig verhalten. So tief wie früher fiel er nicht zurück.

Ich konnte meine Enttäuschung schwer verkraften. Niemand hatte mich darauf vorbereitet, daß Rafs Zustand sich auch verschlechtern könnte. Allerdings erinnerte ich mich jetzt plötzlich an das besorgte Gesicht des Psychiaters von Pavillon Drei und verstand, daß ich ihm damals durch meine Angst, ein endgültiges Urteil zu hören, die Möglichkeit genommen hatte, mehr über den Verlauf von Rafs Krankheit zu erzählen.

Die Besuchsstunden verliefen jetzt mühselig. Raf schwieg manchmal eine ganze Stunde lang. Ich versuchte, öfter mit seinem neuen Psychiater zu sprechen. Das gab mir das Gefühl, auf diesem Weg Rafs Heilung erzwingen zu können. Ich erinnere mich, daß ich in jeder Nuance seiner Ausführungen ein Wort suchte, das mir hätte Hoffnung machen können. Doch er hatte nichts Positives mitzuteilen. Wahrscheinlich erwartete er das Schlimmste, hoffte jedoch wie ich auf eine plötzliche Besserung. Man hatte mir erzählt, daß dies bei dieser Krankheit manchmal möglich war. Die Wahrheit erfuhr ich von meinem eigenen Hausarzt, den ich bei Bekannten traf. Er erkundigte sich nach Rafs Zustand, schaute mich forschend an und stellte fest, daß ich immer noch nicht über die Tatsachen informiert war.

»Raf ist schizophren«, sagte er.

Weil er sah, daß ich nicht erschrak, sondern ihn weiterhin mit fragendem Blick ansah, ließ er es dabei und ging nicht weiter auf die Sache ein. Wieder hatte ich nicht den Mut, weitere Fragen zu stellen. Durch Hans' Reaktion, dem ich es erzählte, verstand ich erst, wie ernst die Lage sein mußte. Er schaute mich entsetzt an, machte seinen Mund auf, als ob er etwas sagen wollte, preßte dann die Lippen fest aufeinander und legte sich wie gelähmt auf die Couch.

Kurz danach sprach ich mit einem befreundeten Nervenarzt über Raf. Von ihm hörte ich das gleiche. Raf litt an Schizophrenie. Er erzählte mir viel darüber. Wahrscheinlich wollte er mich auf das vorbereiten, was mir bevorstand.

»Die Krankheit wird Schizophrenie genannt, weil man damit sagen will, daß es sich hier um eine gespaltene Persönlichkeit handelt«, sagte er. »Über die Ursache ist noch wenig bekannt. Im allgemeinen wird angenommen, daß es sich um eine Abweichung im Gehirn handelt und daß erbliche Faktoren dabei eine Rolle spielen. Kommt Schizophrenie in eurer Familie vor?«

»Ja«, antwortete ich. »Es geht jedoch um ziemlich entfernte Verwandte. Ein Vetter von Hans ist im gleichen Alter krank geworden. Er ist jetzt schon weit über vierzig. Er ist nie wieder gesund geworden und befindet sich immer noch in einer psychiatrischen Anstalt.«

Mein Freund nickte. »Durch große Spannungen oder überwältigende Ereignisse kann die Krankheit, nachdem sie Jahre lang geschlummert hat, jäh an die Oberfläche treten. Häufiger jedoch findet der Ausbruch ohne Anlaß statt. Es sind verschiedene Arten von Schizophrenie bekannt. Manchmal sind die Symptome nur vorübergehend da, und es besteht die Möglichkeit, daß der Patient sich längere Zeit in der Gesellschaft behaupten kann. Die Krankheit von Raf jedoch, die auch als Hebephrenie bezeichnet wird und sich um die Pubertät herum manifestiert, ist die schlimmste und in der Regel unheilbar.«

»Ich fühle mich immer so schuldig«, sagte ich, »weil ich ihn alleine habe erziehen müssen.«

»Du brauchst dich nicht schuldig zu fühlen. Die Krankheit wäre so oder so ausgebrochen. Es kann sein, daß Raf sich manchmal längere Zeit wohl fühlen und, oberflächlich betrachtet, ein normales Leben führen wird. Er wird dann mehr Kontakte zur Außenwelt haben; gleichzeitig aber wird er die unwirkliche Welt in sich selbst aufrechterhalten und davon möglichst wenig zeigen. Auf die Dauer wird er immer deutlicher und häufiger Stimmen hören und Gespräche mit der abgespaltenen Persönlichkeit in sich selbst führen. Du wirst feststellen, daß du das in der ersten Zeit aufhalten kannst, indem du seine Aufmerksamkeit ablenkst.« Er schwieg und betrachtete mich voller Mitgefühl.

»Du mußt darauf vorbereitet sein, daß das nicht so bleibt«, fuhr er fort. »Sein zweites Ich, seine abgespaltene Persönlichkeit, wird immer stärker seine Aufmerksamkeit fordern, und er wird seine Umgebung immer weniger brauchen. Oft werden diese Patienten mit der Zeit autistisch, vollkommen nach innen gerichtet. Manchmal erholt man sich von dieser Krankheit um das fünfzigste Lebensjahr; der Patient ist dann jedoch schon dermaßen heruntergekommen, daß er nicht mehr in die Gesellschaft paßt, obwohl er keine Halluzinationen mehr hat.«

Von dem enormen Schlag, den dieses Gespräch mir versetzte und dem ich nur mit heftig klopfendem Herzen hatte folgen können, erholte ich mich nur langsam. Ich konnte nicht akzeptieren, was man mir erzählt hatte. »So krank ist Raf nicht«, sagte ich zu mir selbst. »Er wird gesund werden, was auch immer ich dafür tun muß.«

Inzwischen zeigte sich, daß Raf sich in der hellen, modernen Klinik nicht zu Hause fühlte. Nachdem er einige Wochen lang fast kein Wort gesagt hatte, fing er wieder zu reden an: »Ich finde es nicht angenehm, daß das Pflegepersonal mich beim Nachnamen nennt und mich mit Sie anredet«, sagte er bei einem meiner Besuche. »Ich bin doch erst achtzehn! Weshalb sind sie nicht normal, freundlich?«

Ich hatte bemerkt, wie Raf gleich beim ersten Mal mit einem nervösen Blick auf diese förmliche Behandlung reagiert hatte, hatte aber gedacht, daß er sich schon daran gewöhnen würde. Daß er mit Sie angesprochen wurde, war etwas Neues. Es sollte als Äußerung von Respekt vor dem Geistesgestörten verstanden werden.

Alles in allem war die Umgebung für Raf zu behäbig und waren die Patienten zu alt. Glücklicherweise wurde nach einiger Zeit ein Altersgenosse aufgenommen, der auch Gitarre spielte und mit dem er sich gut verstand.

Sein Zustand änderte sich ständig. Manchmal verhielt er sich ansprechbar, wenn ich kam, ein anderes Mal jedoch verschloß er sich wieder und lebte in seiner eigenen Welt.

Nach einiger Zeit blieb er auch wieder wochenlang in seinem Zimmer und las nur noch in der Bibel. Danach bemerkte ich bei meinen Besuchen, daß er mit mir sprach, als ob er nicht mein Sohn wäre, sondern ein Fremder, der freundlich zu mir sein wollte. Er benutzte beim Reden Bibeltexte und verhielt sich auffallend distanziert.

Er wurde viel sich selbst überlassen, so daß er vollauf Gelegenheit dazu hatte, in seiner halluzinatorischen Welt zu leben. Damals waren die Psychiater noch stolz darauf, daß dort soviel Ruhe herrschte, wo früher aus allen Ecken Schreie und Gekreische zu hören gewesen war. »Zunächst hatten wir nach dem Zweiten Weltkrieg viel von den neuen Medikamenten erwartet, die ursprünglich für nervlich überforderte Soldaten bestimmt waren«, erzählte Rafs Psychiater. »Als diese Mittel, angewandt auf Patienten in Anstalten, sich überraschend gut auswirkten, war man begeistert. Man meinte, am Anfang eines neuen Zeitalters zu stehen, wo man in der Lage sein würde, Geistesgestörte zu heilen. Wir veranstalteten Fußballspiele für Patienten, die bisher zu nichts fähig gewesen waren, jetzt aber die Spielregeln verstanden und ganz gut mitmachen konnten. Unsere Arbeit veränderte sich. Der Patient brauchte nicht mehr eingesperrt zu werden, sondern konnte nunmehr ein gewisses Maß an Freiheit genießen. Weil ihre Aggressivität beträchtlich zurückging, brauchten wir nicht mehr zu befürchten, daß sie sich selbst oder anderen etwas antun würden. Es wurde nach noch besseren Medikamenten geforscht, und lange Zeit lebte man in der Hoffnung, diese auch finden zu können. Aber leider muß ich Sie enttäuschen: Weiter als bis zur Beruhigung, ein wenig Entspannung und einem akzeptablen Verhalten der Patienten sind wir bis heute nicht gekommen. Alle Medikamente wirken nur zeitlich begrenzt und müssen auf Dauer eingenommen werden.«

Nach einem Jahr war man in der Klinik der Meinung, daß Raf wieder mit der Gesellschaft in Berührung kommen und versuchen sollte, seine Wochenenden zu Hause zu verbringen.

Am Anfang war das schwierig. Wir bemühten uns beide zu sehr, es dem anderen angenehm zu machen. Rafs persönlicher Besitz war allmählich in die Klinik gewandert. Zu Hause hatte er nichts zu tun und verhielt sich wie ein Gast. Die Stimmung blieb gereizt.

Einmal, als er wieder zum Wochenende nach Hause kam, behielt er seinen Mantel an und machte Anstalten, gleich wieder wegzugehen. »Ich gehe spazieren«, sagte er.

»Jetzt schon«, fragte ich erstaunt. »Willst du nicht erst etwas trinken?«

»Nein, ich werde hier nervös. Ich habe das Gefühl, daß du immer Geschichten von mir erwartest. Das erste, was du immer fragst, ist, wie es mir geht. Du fängst niemals von dir selbst an. Ich habe einfach nichts zu erzählen. Alles ist normal.«

Seitdem machte er es sich zur Gewohnheit, an den Wochenenden große Spaziergänge zu machen, und auf einem davon begegnete er einer Gruppe von Jungs, mit denen er ins Gespräch kam. Bei Tisch erzählte er davon. Er sah zufriedener aus als das normalerweise der Fall war.

»Sie fragten, ob ich in ihrer Band spielen will, hier in der Gegend«, sagte er. »In einem Jugendklub beim Concertgebouw. Es waren nette Jungs, glaube ich. Einer von ihnen ist bei mir in der Schule.«

Die Jungs interessierten sich für Raf und besuchten ihn jetzt regelmäßig, wenn er zu Hause war. Raf ging mit ihnen zum Jugendklub, wo er sich wohl fühlte. Jetzt freute er sich auf die Wochenenden. Sobald er zu Hause war, waren auch seine Freunde da. Sie ließen ihn auch nicht im Stich, wenn es ihm ein wenig schlechter ging und er in Apathie abzusinken drohte.

»Ich gehe nicht mehr zurück in die Klinik«, sagte er eines Tages.

»Das kannst du doch nicht einfach so tun«, antwortete ich. »Das mußt du doch auf jeden Fall besprechen?«

Es gelang mir nicht, ihn dazu zu bewegen, mit der Klinik Kontakt aufzunehmen. Weil dort keine deutliche Verbesserung zu erwarten war und auch, weil Raf nach langer Zeit wieder Freunde hatte, schien es mir richtig, daß er nach anderthalb Jahren wieder versuchen würde, zu Hause zu wohnen. Ich hatte in letzter Zeit auch Geschichten von ihm gehört, die mich beängstigten. Einmal erzählte er, daß jemand sich hatte erhängen wollen.

»Der Junge fragte mich, ob er nicht lieber Krawatten aneinander knüpfen sollte, denn ein Seil schien ihm so hart um den Hals. Ich sagte ihm, daß ich nie darüber nachgedacht hätte.« Mir fiel auf, wie ruhig er das erzählte.

Sein Entschluß stand fest. Er würde nicht zurückgehen. Nun mußte ich die Klinik benachrichtigen, sonst würden sie ihn am Abend vermissen und Maßnahmen treffen. Der Psychiater war sichtlich verärgert, doch an Rafs eigenwilliger Entscheidung war nicht zu rütteln. Sein ganzes Leben lang hatte er getan, was er wollte, und hatte sich niemals umstimmen lassen.

Ich bemerkte, daß Rafs Freunde, die ihn am Wochenende aufsuchten, Hasch rauchten. Bis dahin hatte Raf niemals geraucht, jetzt sah ich jedoch, daß auch er einen Zug nahm, wenn die Zigarette die Runde machte.

»Seit wann rauchst du Hasch?« fragte ich, als wir allein waren. »Ach«, sagte er, »ich nehme einfach einen Zug, weil ich keine Fragen provozieren will.«

Nach kurzer Zeit aber gab er die Zigarette möglichst unauffällig weiter. Ich vermute, daß Rauchen in Kombination mit seinen Medikamenten ihm nicht schmeckte.

Er verbrachte jetzt ganze Tage mit seinen Freunden, und ein Jahr lang ging es ihm auch zu Hause ziemlich gut. Er war jetzt fast zwanzig. Auch Sabina kam nun öfter zu Besuch, weil, wie sie sagte, Raf ein wenig aufgeschlossener wurde. Sie hatte die Absicht, wieder nach Amsterdam zu ziehen und sich ein Zimmer zu mieten. Sie hatte keinen Schulabschluß, hatte aber die Aufnahmeprüfung zur Rietveld-Akademie bestanden und wollte jetzt mit Zeichnen weitermachen.

Eines Abends, als Sabina und Raf über Hasch sprachen, sagte Raf: »Es ist gar nicht nötig, Drogen zu nehmen, um high zu werden. Bevor ich in die Delta-Klinik kam, schlief ich einfach ein paar Nächte nicht und bekam dann von alleine schöne Vorstellungen. Einmal sah ich alles in meinem Zimmer in wunderbaren Farben, die langsam zu einem großen Feuer wurden, in Gelb, Orange, Rot, verschiedenen Blautönen und Violett. Langsam verwandelten diese Flammen sich in Gestalten, es war wunderbar. Wie Engel aus der Bibel. Sie flogen langsam durchs Zimmer.«

»Wie schaffst du das, nächtelang wach zu bleiben?« fragte Sabina erstaunt. »Ich werde schon furchtbar müde, wenn ich nur einen Abend spät ins Bett gehe.«

»Das weiß ich nicht. Zuerst kannst du nicht schlafen, und dann spürst du, daß du schöne Träume bekommst, wenn du wach liegst, und dann willst du wach bleiben, damit du diese schönen Träume wieder siehst. Dann schläfst du tagsüber immer länger.«

Er hörte plötzlich auf, und sein Lächeln verschwand. »Später waren die Träume dann nicht mehr immer so angenehm«, fuhr er fort. Wieder schwieg er und schaute nachdenklich vor sich hin. Schließlich sagte er: »Jetzt habe ich Angst davor.«

In jener Zeit erfuhr ich, daß einer von Rafs besten Freunden aus dem Jugendklub eine akute Psychose bekommen hatte und in eine psychiatrische Anstalt aufgenommen worden war. Raf reagierte darauf mit schweren Depressionen. Er aß kaum noch und starrte wieder stundenlang schweigend vor sich hin.

Ungefähr zwei Monate später zeigte sich auch beim zweiten Freund psychotisches Verhalten. Es fing damit an, daß er, wie Raf am Anfang, morgens nicht aufstand und den ganzen Tag im Bett blieb, auch wenn Raf es lange Zeit durchhielt, ihn morgens zu wecken. Auf die Dauer war sein Freund nur noch nachts wach, und da Raf in der Klinik gelernt hatte, nachts zu schlafen, sah er auch diesen Freund nur noch selten und vereinsamte wieder.

Mit dieser Gruppe nahm es ein schlimmes Ende. Wahrscheinlich wurde Raf zu einer Art von Menschen hingezogen, mit denen er sich verwandt fühlte. Er versuchte, die Kontakte zu dem Jugendklub und den zwei Freunden, die jetzt beide in eine Anstalt eingewiesen worden waren, so lange wie möglich fortzusetzen und besuchte sie öfters.

Der erste Freund wurde nach zwei Jahren geheilt aus der Anstalt entlassen und versuchte, in einer Gruppe, die sich mit östlicher Philosophie beschäftigte, Kraft zu schöpfen. Dem zweiten jedoch ging es immer schlechter. Raf gab die Verbindung zu ihm nicht auf und versuchte, ihm zu helfen, wo immer sich die Möglichkeit dazu bot. Es schien, als hätte Raf selbst Angst, zusammen mit ihm in die Tiefe wegzusinken.

Dieser Freund ist niemals geheilt worden. Er läuft noch immer vollkommen kontaktlos, mit sich selbst redend, durch die Straßen.

Dann ging es mit Raf schnell bergab. Immer mehr Probleme kamen hinzu, die er nicht verarbeiten konnte. Er verliebte sich in ein Mädchen, das Musik studierte. Sie waren viel beisammen, musizierten auch gemeinsam, aber sie war offensichtlich nicht verliebt in ihn. Er ging oft zu ihr, kam immer schlechter Laune zurück und ging stundenlang in seinem Zimmer auf und ab.

Besonders beunruhigte mich, daß seine Medikamente allmählich ausgingen.

»Du solltest zum Gesundheitsamt gehen«, sagte ich an einem Morgen, als er wieder unruhig war. »Frag mal, ob du dort Medikamente bekommen kannst, du hast ja jetzt keinen Psychiater mehr, der sie dir verschreiben kann.«

»Ich brauche keine Medikamente«, erwiderte er.

Ich erwartete, daß er seine Meinung noch ändern würde, denn bisher hatte er seine Tabletten problemlos eingenommen. Aber er blieb bei seiner Entscheidung, und sein Verhalten verschlechterte sich zusehends. Es wurde jetzt immer deutlicher, daß er ohne Medikamente nicht zu Hause bleiben konnte.

Ich versuchte, selbst eine Verabredung mit dem Gesundheitsamt auszumachen, rief an und bekam die Leiterin der Abteilung Psychische Hygiene an den Apparat. Sie reagierte dermaßen schnell, daß es den Anschein hatte, als ob sie die geistesgestörten Patienten, die sich in ihrer Kartei befanden, persönlich kannte.

»Ach, braucht Ihr Söhnchen Medikamente?« fragte sie spöttisch. »Ja, die kann er in der Klinik abholen, wo Sie ihn weggeholt haben.«

»Ich habe ihn aber nicht weggeholt. Raf will eben nicht zurück«, sagte ich, erschrocken über diese Anschuldigung. »Er läßt sich nichts sagen.«

»Wenn Mütter Söhne haben, die sich nichts sagen lassen, dann ist das ihre eigene Schuld. Ich habe wirklich was besseres zu tun, als Ihr Söhnchen zu erziehen. Er kann selber kommen, und wenn er nicht kommt, braucht er keine Medikamente.«

»Raf ist minderjährig«, sagte ich jetzt entschieden. »Er wird zu Hause immer schwieriger.«

»Das hätten Sie sich früher überlegen sollen, Frau Anstadt. Guten Tag, Frau Anstadt.«

Sie hängte auf. Soviel Unverständnis bei jemandem, der doch wissen mußte, wie schwierig ein Patient wie Raf sein konnte, trieb mir die Tränen in die Augen. Seit dem Ausbruch von Rafs Krankheit habe ich mich immer wieder gefragt, weshalb Sozialarbeiter mich immer wieder im Stich ließen, statt mir zu helfen.

Nach zwei Wochen ohne Medikamente war die Lage für mich unhaltbar geworden. Raf verhielt sich jetzt merkwürdiger als ich ihn je erlebt hatte. Früher flüsterte er vor sich hin, aber jetzt halluzinierte er laut und verhielt sich dabei manchmal aggressiv. Ich konnte halbe Sätze verstehen, die er das eine Mal aus sich herausschrie, dann wieder fast in sich selbst hineinsprach.

»Das war doch wohl...«, hörte ich ihn sagen. Dann folgten einige unverständliche Wörter und dann: »Vorige Welt, wo die Sonne verdammt nicht.« Er saß auf dem Sofa, den Kopf zwischen die Arme gelegt, und ich wußte nicht, ob er weinte oder lachte.

Er lag jetzt auch wieder tagelang im Bett, sprach nicht und reagierte wütend, wenn ich ihn etwas fragte. Vier bis fünfmal am Tag duschte er sich. Manchmal erholte er sich etwas gegen Abend und kam zum Fernsehen herunter. Oft war er dann auffallend freundlich, als ob er nicht verantwortlich war für den anderen Raf, mit dem er in jenem Augenblick nichts zu tun hatte. Das machte mir wieder Hoffnung, es könnte ihm besser gehen, doch in der gleichen Nacht noch konnte er wieder stundenlang im Flur auf und ab gehen, Gitarre spielen und dermaßen laut dazu singen, als ob es in seiner Nähe niemanden gäbe, den das belästigen könnte. Ich hatte manchmal Angst vor diesen unwirklichen, harten Geräuschen in der Nacht. Ich konnte ihn in diesem Zustand nicht erreichen. Er schaute durch mich hindurch, als ob ich überhaupt nicht existierte.

Ich wollte das Gesundheitsamt wieder anrufen, konnte jedoch meine Angst nicht überwinden bei dem Gedanken, daß ich die Psychiaterin vom letzten Mal wieder an den Apparat bekommen würde. Ich schob das Gespräch ständig hinaus. Rafs Verhalten verschlechterte sich von Tag zu Tag. Auch die Nachbarn beklagten sich jetzt darüber, daß er nachts so viel Lärm machte. Eines Morgens entschloß ich mich, doch anzurufen. Ich brauchte unbedingt Hilfe. Ich fragte wiederum nach der Abteilung Psychische Hygiene und wurde jetzt mit einem männlichen Psychiater verbunden, der sich meine Geschichte ruhig anhörte und einen Termin für einen Hausbesuch mit mir vereinbarte.

»Versuchen Sie, es noch ein paar Tage auszuhalten«, sagte er in einem Ton, aus dem mir unverkennbar Verständnis entgegenkam. »Wenn ich bei Ihnen bin, werden wir sehen, was wir tun können.«

»Ich fühle mich so machtlos, seit Raf keine Medikamente mehr nimmt«, sagte ich. »Früher hatte ich noch die Hoffnung, daß er geheilt werden könnte, und aus dieser Hoffnung schöpfte ich Kraft.« Ich fing an zu weinen. »Das Leben ist jetzt so aussichtslos. Ich weiß nicht, woher ich die Energie nehmen soll, um den Zustand zu ertragen. Sie sind der erste, der mir nicht das Gefühl gibt, daß ich diejenige bin, die Raf krank gemacht hat.«

Obwohl Raf zu mir gesagt hatte, daß er mit Psychiatern nichts mehr zu tun haben wollte, gelang es Doktor van Aken schon beim ersten Besuch, mit ihm ins Gespräch zu kommen. Er erkundigte sich bei Raf nach seinen Beschäftigungen und ging noch nicht auf seine Probleme ein. »Bist du damit einverstanden, daß ich nächste Woche wiederkomme?« fragte er.

Raf nickte und ging auf sein Zimmer.

»Vorläufig will ich jede Woche mit Ihnen und mit Raf sprechen«, sagte Doktor van Aken. Sie können mich zu jeder Tageszeit anrufen, wenn Sie das für nötig halten. Vielleicht wird es uns gemeinsam gelingen, die Spannungen ein wenig abzubauen.«

Allein schon das Bewußtsein, daß ich nicht allein dastehen würde, wenn ich Hilfe bräuchte, gab mir ein Gefühl von Sicherheit. Nach einer Woche kam Doktor van Aken zur vereinbarten Zeit wieder, und im Gespräch zu dritt verhielt Raf sich weniger angespannt als ich ihn in letzter Zeit erlebt hatte. Als der Arzt ihn danach fragte, erzählte er auch, daß er Halluzinationen hatte, ließ sich jedoch nicht auf Einzelheiten ein. Ich hatte das Gefühl, daß meine Anwesenheit ihn dabei störte. Es gelang dem Psychiater sogar, Raf dazu zu bewegen, seine Medikamente einzunehmen.

Nachdem Raf wieder auf sein Zimmer gegangen war, sagte Doktor van Aken: »Wir werden Schritt für Schritt arbeiten müssen. Auf die Dauer werde ich Raf besser kennenlernen. Aber auch von Ihnen wird viel verlangt. Ich sehe, daß Sie nervös sind, was ich gut verstehen kann. Vorläufig habe ich auch keinen Trost für Sie. Allerdings empfehle ich Ihnen, selbst von Zeit zu Zeit mit einem Psychiater über Ihre eigenen Schwierigkeiten zu reden. Vielleicht werden Sie, nach einiger Zeit, die Situation besser verarbeiten können. Raf braucht auf jeden Fall Verständnis, wenn er auch wenig zurückgibt. Er ist jetzt allein mit seinen Ängsten, und ich hoffe, ihn so weit zu kriegen, daß er es wagt, mit mir darüber zu reden. Halluzinationen gehen oft mit furchterregenden und traurigen, manchmal aber auch mit lustigen Vorstellungen einher. Es muß schwierig sein für Raf, all dies für sich zu behalten. Bäume verändern sich manchmal in Gesichter mit Zweigen als kapriziösen Hörnern. Gemälde fangen an, sich zu bewegen. Manchmal steigen aus ihnen Figuren heraus, oder es kommt eine Hand nach außen und versucht, den Patienten anzufassen. Es kann auch sein, daß Sie, während er mit Ihnen spricht, sich in seinen Augen in einen Engel verwandeln oder aber in eine Hexe. Aber er wird Ihnen nicht erzählen können, was in ihm vorgeht. Ich verstehe, wie schwierig das für Sie sein muß, aber es ist gut, daß Sie es wissen. In der Regel finden Gesichts- und Gehörhalluzinationen gemeinsam statt. Raf sieht dann nicht nur merkwürdige Dinge, sondern wird auch von Gestalten angesprochen, die viel Macht über ihn haben. Das alles verarbeitet er zur Zeit allein. Das muß für ihn unerträglich sein.«

»Aber wie entsteht denn so etwas?« fragte ich.

»Im allgemeinen wird angenommen, daß Schizophrenie das Symptom eines Gehirndefektes ist, wodurch das Realitätsbewußtsein gestört wird. Unser Gehirn enthält Speicher für Eindrücke. Wenn wir etwas wahrnehmen oder empfinden, können wir dies unmittelbar unterbringen. Wir haben zum Beispiel gelesen, daß der Blitz eine elektrische Entladung ist. Wenn wir den Blitz sehen, entsteht schnell eine Verbindung zwischen dem, was wir erfahren, und dem, was wir wissen. Unser Gehirn ist ein kompliziertes System, das dafür sorgt, daß alle Eindrücke ihren richtigen Platz in unserem Bewußtsein bekommen. Aber auch bei solchen Menschen, die wir als normal bezeichnen, können die Verbindungen vorübergehend gestört sein. So kann jemand in einer bestimmten Situation (zum Beispiel auf die Straße zu gehen) Angst haben, obwohl er weiß, daß diese Angst grundlos ist. In einem solchen Fall ist ein Kurzschluß zwischen Empfinden und Erkennen entstanden. Bei einer solchen neurotischen Affektion bleibt die angemessene Beurteilung der Realität allerdings weiterhin bestehen. Bei Menschen jedoch, die an einer Psychose leiden, ist diese Verbindung dauerhaft gestört, wenn es auch gelegentlich passieren kann, daß sie vorübergehend reagieren, als ob sie normal wären. In einer Psychose können Empfinden und Denken nicht mehr getrennt werden. Innen- und Außenwelt fließen ineinander über. Es entstehen Wahnvorstellungen und Halluzinationen. Wir können diesen Prozeß auf chemischem Weg beeinflussen durch die Verabreichung bestimmter Medikamente. Sie haben, wie Sie mir erzählten, bemerkt, wie gut Raf sogar auf eine geringe Dosis reagiert. Leider stecken wir damit noch im experimentellen Stadium.«

Bei seinem Abschied vereinbarten wir einen neuen Termin. Es zeigte sich, daß der Arzt von mir erwartete, daß ich Raf mehr als bisher unterstützen würde. Ich fühlte jedoch, daß dies für mich zu schwer sein würde und daß ich mich schleunigst darum bemühen mußte, einen Psychiater für mich selbst zu bekommen.

Ich ließ mir einen Termin beim Institut für Medizinische Psychologie geben. Ich sprach von meinen häuslichen Umständen und erläuterte, weshalb ich Hilfe brauchte.

»Könnten Sie einige Zeit warten oder meinen Sie, daß Sie gleich einen Psychiater brauchen?« fragte die Sozialarbeiterin.

»Ich weiß noch nicht, auf welche Weise ein Psychiater mir helfen könnte, was ich aber weiß ist, daß ich Hilfe brauche«, sagte ich in einem Ton, der mir selbst aggressiv vorkam. Es war, als ob ich jemand anderem die Schuld an Rafs Krankheit gab. Die Sozialarbeiterin betrachtete mich aufmerksam, notierte sich etwas und sagte weiter nichts.

Innerhalb eines Monats bekam ich die Nachricht, daß ich mich bei Doktor Heineman melden sollte. Bei unserem ersten Gespräch erzählte er, daß mein Fall vorrangig behandelt worden war und stellte mir, um mich kennenzulernen, einige allgemeinere Fragen. Bei unserem zweiten Gespräch erzählte ich ausführlich über meine Familienlage.

»Sie haben wenige Kontakte außer Haus, scheint mir«, sagte der Arzt. »Es wäre gut, wenn Sie einen Teil des Tages arbeiten gehen würden.«

»Ich fühle mich auch sehr einsam, nur mit Raf um mich herum«, antwortete ich. »Meine Freunde finden es schwierig, mich zu besuchen, wenn er da ist. Vielleicht würde ich mit der Situation besser fertig werden, wenn ich durch Arbeit dazu gezwungen wäre, an etwas anderes zu denken.«

Auf dem Weg nach Hause hatte ich schon ein Gefühl der Befreiung. Es gelang mir in kurzer Zeit, eine Halbtagsstelle zu finden.

Jetzt, da ich Raf einige Stunden pro Tag nicht sah, konnte ich einigen Abstand zur Situation gewinnen und beruhigte mich ein wenig. Raf wurde aufgeschlossener, als er bemerkte, daß ich nicht länger dermaßen schwer unter seinem Verhalten litt.

»Wie geht's dir, Raf, hast du gut geschlafen?« fragte ich eines Tages wie gewöhnlich, als ich heimkam. »Laß uns lieber über dich reden«, erwiderte er. »Ich finde es wichtig, daß es dir gut geht.«

»Mir geht's tatsächlich gut. Ich mag meine Arbeit. Was meinst du?« »Ich will mich wieder aufnehmen lassen«, sagte er verschämt. Er senkte den Kopf, als ob er sich schuldig fühlte.

»Und hast du Angst, daß es mir nicht gut gehen wird, wenn ich allein bin?«

Er nickte.

»Aber willst du dich jetzt freiwillig aufnehmen lassen, gerade jetzt, wo es dir ein bißchen besser geht?« fragte ich erstaunt. An diese Möglichkeit hatte ich noch nie gedacht. Er ging nicht auf meine Frage ein.

»Mutti, sorgst du dafür, daß du nicht zuviel allein sein wirst?« sagte er.

Am Abend vorher hatten wir uns im Fernsehen einen Dokumentarfilm angeschaut über Buiten Oord, eine psychiatrische Anstalt in Santpoort für Jugendliche im Alter von fünfzehn bis einundzwanzig Jahren. Die dortige Therapie basierte auf den Theorien von Laing, die zu jener Zeit vielfach angewandt wurden. Laing war der Ansicht, die Ursache der Krankheit liege nicht im Patienten, sondern in der Gesellschaft. In dieser Klinik wollte man Jugendliche während ihrer Identitätskrise begleiten und diese meistern helfen.

Ich hatte das Gefühl, daß Raf sich aufnehmen lassen wollte, um das Problem seiner Einsamkeit zu lösen. Beim nächsten Besuch seines Psychiaters sagte Raf, er komme so nicht weiter. Er habe die Absicht, mit der Zeit seinen Schulabschluß zu machen und aufs Konservatorium zu gehen. Bei diesem Gespräch wurde mir klar, daß er kein Gefühl für Zeit hatte. Er sprach immer noch von *seiner* Schule, als ob er diese nicht schon vor fünf Jahren verlassen hätte.

»Ich möchte auch wieder mal einige Freunde haben«, sagte er. »Ich bin jetzt den ganzen Tag zu Hause. Allein. Auch meine Mutter ist jetzt häufig nicht da.«

»Einverstanden«, antwortete der Psychiater. »Ich werde deine Aufnahme so schnell wie möglich beantragen.«

Raf bekam bald Nachricht, und innerhalb von zwei Monaten mußte er sich in Buiten Oord zu einem Gespräch melden. Wenn Direktion und Patienten damit einverstanden sein würden, könnte er aufgenommen werden. Ich hatte keine Angst, daß man Raf abweisen würde, denn er verhielt sich immer ruhig und mit großer Selbstsicherheit. Obwohl er sich nicht besonders anstrengte, nett gefunden zu werden, mochten ihn die Leute.

Am verabredeten Tag fuhr er nach Buiten Oord, um sich vorzustellen. Am Nachmittag, nach seiner Heimkehr, sagte er nichts, sah jedoch fast heiter aus. Erst beim Essen fing er an, von seinem Besuch zu erzählen.

»Es gefällt mir in Santpoort, wie wenn man Ferien hat. Sie spielen Gitarre, legen eine Schallplatte nach der anderen auf, machen gemeinsam lange Spaziergänge. Alles Leute in meinem Alter. Die Abteilung Buiten Oord gibt es noch nicht so lange Zeit, hat man mir gesagt.«

»Meinst du, daß es dir gelingen wird, da hineinzukommen?« fragte ich.

»O ja, bestimmt, es sind nette Leute.«

Immer, wenn er sich derart normal verhielt, bekam die Hoffnung auf seine Genesung wieder die Oberhand. Vielleicht würde es ihm in Buiten Oord, bei Menschen mit ähnlichen Problemen, besser gehen.

6 Buiten Oord

Im Frühling wurde Raf aufgenommen. Als ich ihn nach zwei Wochen besuchte, sah er blendend aus und erzählte, er habe die Absicht, wieder mit der Schule weiterzumachen. »Hier gehen viele Leute einfach in Santpoort selbst zur Schule. Das will ich auch.«

Er gehe viel schwimmen, erzählte er, und es werde viel Fußball gespielt, auch bei den Mädchen. Regelmäßig spazierten sie mit einer Gruppe gemeinsam an den Strand, ein Spaziergang von mehr als zwei Stunden. »Hier bleibe ich, bis ich mich ganz in Ordnung fühle«, sagte er zufrieden. Ich schaute ihn an. Ich war froh, daß es ihm gut ging, aber es tat mir jetzt schon leid, wenn ich daran dachte, daß sein Glücksgefühl wieder verschwinden würde.

Er blieb monatelang in guter Stimmung. »Komm einen Augenblick rauf, Mutti, zur kreativen Therapie«, sagte er bei einem meiner Besuche. »Ich will dir zeigen, was ich gerade mache. Der Therapieleiter ist jetzt da. Dann kannst du auch ihn kennenlernen.«

Die Therapieräume erstreckten sich über die ganze Länge des Gebäudes. Überall standen unvollendete Arbeiten herum. Viele davon machten einen unheimlichen Eindruck. Dazu gehörten Zeichnungen, die mir auf den ersten Blick unverständlich waren, mich jedoch, als ich sie richtig betrachtete, ängstigten, weil soviel offene Aggressivität aus ihnen sprach.

An einem Tisch stand ein magerer Mann mit freundlichem Gesicht. Ich stellte mich vor, und wir unterhielten uns eine Zeitlang. Dann führte er mich herum. Er sagte nichts über den Inhalt der Arbeiten. »Sie sind hier angenehm beschäftigt«, sagte er. »Die Leute können ihre Gefühle ausleben, wenn sie das Bedürfnis dazu haben. Das tut ihnen manchmal gut. Am Nachmittag ist offiziell keine Therapie. Nur Raf kommt in letzter Zeit dann schon mal zum Arbeiten.« Er wandte sich an Raf: »Es macht dir Spaß, nicht wahr?« sagte er.

Plötzlich stand ich vor einem großen Vogel aus Holz, ungefähr einen Meter hoch, dessen Kopf aus sieben ungleichen Klötzen bestand. Die Füße waren noch nicht fertig, jedoch schon anmutig angedeutet. »Daran arbeite ich zur Zeit«, sagte Raf. Er schaute mich fragend an, wie früher, wenn er Musik einstudiert hatte und gelobt werden wollte.

»Wie wunderbar, Raf«, sagte ich. Es war ehrlich gemeint. »Das muß eine Riesenarbeit sein, um das aus einem Block zu arbeiten.«

»Im Kopf befinden sich die sieben Sinne«, erläuterte er. »Die drei Löcher, die ich gemacht habe, tun weh. Die zwei oberen sind die Augen, mit denen er zuviel sieht, und das dritte ist das Herz. Das ist schwer und traurig.«

Ich schaute den Therapieleiter an, um zu sehen, wie er reagierte, aber der schwieg. Dann zeigte Raf mir noch Bilder. Sie beeindruckten mich sehr. Sie waren in Schwarz, Tiefrot und Orange gearbeitet. Sie hatten alle den gleichen dunklen Horizont, mit schweren Regenbögen.

Fühlte Raf sich vielleicht doch nicht so gut wie er aussah, fragte ich mich. Seine Arbeit und sein Kommentar dazu hatten mich erschreckt. Mir war klar, daß er seinen Vogel ausdrücken ließ, was in ihm selbst vorging.

Zum ersten Mal seit Monaten ging ich bedrückt nach Hause. Ich wußte, daß ich mir wieder einmal etwas vorgemacht hatte, woran ich glauben wollte. Dennoch verhielt Raf sich eine Zeitlang relativ angepaßt. Ich hatte den Eindruck, daß er seine Probleme möglichst lange verbergen wollte. Ich hoffte, er würde nicht bemerken, welche Sorgen ich mir jetzt wieder um ihn machte.

Einige Wochen später spazierten wir durch die weiten Alleen der Anstalt. »Raf, wie steht's mit der Schule, in die du wolltest?« fragte ich. »Hast du schon etwas dafür getan?«

»Oh nein. Man hat hier so viel zu tun. Man kann sich nicht auf Schularbeiten konzentrieren. Es gibt soviele Therapien. Es fängt schon am Morgen an mit dem Treffen von Patienten und Mitarbeiterstab. Dann sitzen alle Patienten und Mitarbeiter in einem großen Kreis im Saal. Jeder kann mit neuen Ideen kommen und sagen, was ihn stört, oder was er ändern möchte. Das dauert von halb zehn bis elf Uhr. Anschließend macht eine Gruppe Theater.

Das nennen sie Psychodrama. Sie spielen dort ihre eigenen Probleme, und manche Jungs oder Mädchen fangen dann an zu weinen. Ich habe keine Lust zu weinen. Bei traurigen Sachen mache ich nicht mit. Dann sollte man auch noch mit der Sozialarbeiterin oder mit dem Psychiater reden. Aber es ist hier dermaßen groß. Wenn man keine Lust hat, dann findet dich hier keiner.«

In der Tat war das Gebäude zu groß für die sechzig Menschen, die dort wohnten. Manche Säle und Zimmer standen leer. Mir war schon beim ersten Mal aufgefallen, wie gepflegt alles aussah; modern, in grellen Farben. In den immensen Fluren standen große Ledersofas. Die Anstalt machte den Eindruck, für mehr Menschen konzipiert zu sein. Ich hatte die Direktion danach gefragt, und man hatte mir erzählt, es sei die Absicht gewesen, neunzig Personen in Buiten Oord aufzunehmen, man habe jedoch nicht genügend Personal bekommen können.

Den ganzen Sommer über besuchte ich Raf jede Woche. Manchmal kam auch Sabina mit. Sie hatte inzwischen in Amsterdam ein Zimmer gefunden. Sie war froh, daß sie wieder mit Raf reden konnte, und sie weigerte sich, den Ernst seiner Krankheit zu akzeptieren.

»Ich kenne ja mehrere Leute, die in einer Klinik waren und jetzt wieder gesund sind«, sagte sie.

Das konnte ich verstehen. Ich wußte, wie lange ich selbst gebraucht hatte, um alles zu verarbeiten. Und sogar jetzt hegte ich manchmal noch Hoffnung.

»Weshalb kommst du nicht auch mal nach Amsterdam?« fragte ich Raf. »Du darfst doch weg?«

»Ach, hier habe ich alles, was ich brauche«, sagte er. »Auch meine Freunde.« Es war schon besser so, dachte ich. In Amsterdam würde er von anderen Freunden beeinflußt werden können und vielleicht wieder, wie schon mal, nicht zur Klinik zurück wollen.

Als Raf gegen Ende des Herbstes schon fast ein Jahr in Buiten Oord war, fing er an, schweigsamer zu werden. Er schaute nicht mehr so klar aus den Augen wie in den Monaten vorher und verhielt sich sogar in meiner Gegenwart wieder introvertiert. Es kostete mich immer mehr Mühe, mit ihm ins Gespräch zu kommen, und der Besuch wurde jede Woche mühseliger. Darüber sprach ich mit der Gruppenführung. Die fand es nicht alarmierend. »Raf steckt im Augenblick in einer schwierigen Phase«, sagte man. »Er beteiligt sich immer weniger an den Therapien, und wir haben festgestellt, daß er jetzt stundenlang in den Dünen herumwandert.«

»Aber was unternehmen Sie dagegen?« fragte ich.

»Bisher ist er immer zurückgekommen. Er wird lernen müssen, um Hilfe zu bitten, wenn er uns braucht.«

Ich fühlte mich machtlos. In Buiten Oord wurden nur in Ausnahmefällen Medikamente verabreicht. Weil man jedoch viel mit Patienten in Gruppen arbeitete, wurde Raf, sobald er sich wieder etwas besser fühlte, zur Gruppe hingezogen. Vielleicht hat sein erster Rückfall in Buiten Oord aus diesem Grunde nicht so lange gedauert. Seitdem blieben seine Stimmungen jedoch wechselhaft. Manchmal war er geistig klar und beteiligte sich an Aktivitäten, ein anderes Mal jedoch war er verwirrt und schweigsam.

Bei einem meiner Besuche konnte ich ihn nirgendwo finden. Niemand wußte, wo er steckte. Ich suchte im großen Gebäude und fand ihn schließlich im Flur, wo er neben einem Sofa auf dem Boden kauerte. Er erkannte mich nicht und sprach laut in unklaren, verworrenen Sätzen. Ein Jahr lang hatte er sich behaupten können. Er war einer der ersten Patienten der Anfängergruppe gewesen, mit der man anfänglich mit viel Energie und Glauben an die neue Therapie gearbeitet hatte. Jetzt fiel mir jedoch auf, daß es nicht nur Raf schlecht ging: Die ganze Umgebung, die Atmosphäre hatte sich verändert. Die anfangs so fröhliche Behausung machte jetzt einen angeschmuddelten Eindruck. Die meisten Bewohner waren nicht mehr so unternehmungslustig wie ein Jahr zuvor. Bei meinen wöchentlichen Besuchen bemerkte ich, daß die Leitung, die hauptsächlich aus jungen Leuten bestand, alles unternahm, um zu entdecken, wo die Schwierigkeiten steckten. Obwohl ihrer Ansicht nach die Gesellschaft und die Eltern ihre Kinder krank gemacht hatten, wollten sie jetzt mit eben diesen Eltern Gespräche veranstalten, zusammen mit den Patienten.

Zum verabredeten Treffen erschienen die meisten Eltern. Viele von ihnen sahen ängstlich, hilflos und verlegen aus. Sie wußten wenig über die Krankheit ihrer Kinder, die sich inzwischen in Buiten Oord die Sprache ihrer Helfer angeeignet hatten.

Es war ihnen erklärt worden, wie sie sich ihren Eltern gegenüber zu verhalten hatten. Ohne Rücksicht wurde durchs Mikrophon eine Anschuldigung nach der anderen geäußert. Manche Kinder wollten an diesem »irritanten« Familiennachmittag sogar überhaupt nicht teilnehmen. Die Eltern bekamen wenig Gelegenheit, etwas zu erwidern. Nur wenige Kinder setzten sich zu ihnen. Ich hatte den Eindruck, daß manche dies zwar wollten, sich jedoch ihren Mitpatienten gegenüber keine Blöße geben wollten.

Drei dieser sinnlosen Zusammenkünfte habe ich miterlebt. Oft verließen die Eltern das Gruppengeschehen mit Tränen in den Augen.

Zur kreativen Therapie erschienen die Patienten jetzt nicht mehr. Nur Pflicht-Therapien konnten noch durchgesetzt werden, aber auch dazu kamen immer weniger Patienten. Die Leitung suchte eifrig nach den Ursachen der Schwierigkeiten und hoffte, die Krise doch noch zu überwinden.

Raf beteiligte sich an gar nichts mehr. Man ließ ihn gewähren, und ich fragte mich, mit welcher Absicht. Zunächst dachte ich, man hätte ihn so lange in Buiten Oord behalten, weil man davon überzeugt gewesen war, daß man ihm würde helfen können. Als er sich jedoch verschloß, wurde er seinem Schicksal überlassen.

Er halluzinierte jetzt immer mehr. Ihm selbst gefiel es in Buiten Oord. Er mochte die weiten Flure, in denen er stundenlang herumlaufen konnte, ohne jemanden zu hindern oder von jemandem gehindert zu werden. Nach anderthalb Jahren war die Lage die, daß man keinerlei Anforderungen mehr an ihn stellte. Er machte nur ein wenig mit, und wenn er sich wohl fühlte, spielte er Gitarre in einer kleinen Band, die sich zusammengefunden hatte.

Die Schwierigkeiten in Buiten Oord nahmen jedoch kein Ende, ganz im Gegenteil, sie wurden immer größer. Immer mehr zeigte sich, daß vielen Patienten, wie Raf, nicht geholfen werden konnte. Ich wunderte mich bei jedem weiteren Besuch über die verrücktesten Zustände, die dort zunehmend herrschten. Eines Tages waren zig Tassen zerschmissen worden. Jedermann trat gelassen über die Scherben hinweg. »Was ist hier passiert?« fragte ich erstaunt.

Raf zuckte nur mit den Schultern und sagte: »Jemand wurde böse.«

»Dermaßen böse?«

Er lächelte. Ich glaube, er fand meine Reaktion rührend. »Aber weshalb läßt jeder das dann einfach so liegen?«

»Weil es niemanden angeht. Das ist die Sache dessen, der es getan hat.« Wahrscheinlich fragte ich zuviel, und er fand das alles zu anstrengend, denn plötzlich war er weg und kam nicht wieder.

Bei meinem nächsten Besuch waren Fenster zertrümmert, und Gardinen und Wanddekorationen hingen in Fetzen herunter. Das machte besonders deshalb einen unheimlichen Eindruck, weil niemand sich über irgend etwas wunderte. Es war, als ob sich das so gehörte. Manchmal sah ich auch Blutspuren auf dem Boden. Raf erzählte mir, daß immer mehr Patienten Selbstmord begehen wollten.

»Sie suchen sich Glas, schneiden sich die Pulsadern durch, und wenn es anfängt, kräftig zu bluten, bekommen sie Angst und laufen zur Gruppenführung.« Er erzählte das mit einem milden, gelassenen Blick. Jetzt, da ich anfing, genauer zu beobachten, sah ich in der Tat Jungs und Mädchen mit verbundenen Handgelenken. Später zeigte sich, daß einige Selbstmordversuche in der Tat gelungen waren. Viele junge Menschen dürften sich hier, in diesem großen Gebäude, sehr verlassen gefühlt haben. Nur für wenige, wie Raf, war dieser Raum von Vorteil. Hier konnte er sich entspannen. Niemand beachtete ihn, wenn er hin und her ging oder laut mit sich selbst redete, während gerade dies daheim soviel Schwierigkeiten verursachte. Einmal, als ich zu einer Sprechstunde erscheinen mußte, waren die zehn Türen der Sprechzimmer zerschlagen worden. Es waren große Löcher darin, größer als ein Suppenteller.

Im geräumigen, hellen Flur, wo es so still war, als ob die Abteilung nicht bewohnt wäre, machten diese kaputten Türen einen beklemmenden Eindruck. Ich fragte mich, wie jemand die Gelegenheit dazu haben konnte, dermaßen viel zu zerstören. Es mußte ein Beil benutzt worden sein.

Ich sprach regelmäßig mit meinem Psychiater über die Ereignisse der letzten Zeit in Buiten Oord. »Was ist dort eigentlich plötzlich los?« fragte ich. »Es wird immer schlimmer.«

»Das wundert mich nicht«, sagte er. »Das Team von Buiten Oord folgt den Theorien Laings, eines englischen Psychiaters, der zur Zeit viele Anhänger hat. Er beschuldigt nicht nur die Eltern und die Gesellschaft, durch ihr Verschulden würden junge Menschen geistesgestört werden, sondern er meint auch, daß sie in ihrer Andersartigkeit akzeptiert werden sollen. Sie sollen in die Gesellschaft integriert werden. Laing lehnt auch die Verwendung von Medikamenten ab. Buiten Oord will ein Modell für diese Theorie sein. Damit hat die Leitung eine unmögliche Aufgabe übernommen. Geistesgestörte Patienten sind überempfindlich für Stimmungen. Wenn jemand einen psychotischen Anfall bekommt und anfängt, mit allem zu schmeißen oder einen Selbstmordversuch unternimmt, eskaliert die Lage, und auch andere Patienten werden dadurch beeinflußt. Demzufolge entstehen Situationen, wie Sie sie dort antreffen. Das ist ohne Medikamente nicht zu verhindern.«

»Aber was wird Ihrer Meinung nach geschehen?«

»Ich bin sicher, daß Laings Theorien sich nicht behaupten werden. In gewissem Sinne hat er gute Arbeit geleistet, indem er eine humanere Behandlung der Patienten in den Kliniken forderte. Ich zweifle jedoch an der Aufrichtigkeit seiner Motive. Ich kann jetzt nur dazu sagen, daß die Theorie, abweichendes Verhalten zu akzeptieren, bequemer ist, als etwas dagegen zu unternehmen. Es ist jedoch noch zu früh, endgültige Aussagen darüber zu machen. Die Psychiatrie befindet sich in einer Entwicklungsphase. Ich möchte gerne von Ihnen auf dem Laufenden gehalten werden über die Entwicklungen in Buiten Oord.«

Infolge der internen Schwierigkeiten wurden von den Psychiatern in der Anstalt immer häufiger Gespräche mit Eltern geführt, die in der Regel besonders entmutigend verliefen und einem Ablenkungsmanöver glichen. Auch ich wurde vom Psychiater herbeizitiert.

»Es geht Raf doch gut? Weshalb ist er denn hier und nicht zu Hause?« fragte er mich.

»Er hat aber doch selbst um diese Aufnahme gebeten«, sagte ich erstaunt. »Und bisher ist von Entlassung keine Rede gewesen.«

»Weil Sie kein Gesuch dazu eingereicht haben.«

»Nein, denn ich weiß nicht, was Ihre Beweggründe sind zu behaupten, es gehe Raf gut. Entweder sind Sie schlecht informiert, oder Sie wollen nicht wissen, daß Raf regelmäßig in einem Tief steckt. Er fühlt sich jetzt seit zwei Wochen ein wenig besser, Sie wissen jedoch genauso gut wie ich, daß sich das innerhalb weniger Tage ändern kann.«

»Das wäre Ihnen nicht unangenehm, nicht wahr, Frau Anstadt?« sagte der Psychiater jetzt in einem aggressiven Ton. »Lieber Ihr Sohn mit hängendem Kopf in der Klinik als bei Ihnen zu Hause. Sie finden ihn hier gut aufgehoben, stelle ich fest.«

»Herr Doktor, Sie haben Raf nicht in seinem kranken Zustand zu Hause gesehen. Er saß den ganzen Tag traurig herum, allein. Schließlich ohne einen einzigen Freund, weil er das Haus nicht mehr verließ. Hier dagegen ist er gerne und hat Menschen um sich herum.«

»Dann sollten Sie ihn alleine wohnen lassen. Dann muß er einfach das Haus verlassen, sonst hat er nichts zu essen. Aber das bringen Sie ja doch nicht fertig.«

»Wenn Sie der Meinung sind, er sollte alleine wohnen, dann ist es doch auch seine eigene Angelegenheit, mit Ihnen über seine Entlassung zu reden. Oder meinen Sie, daß ich, seine Mutter, diese Dinge zu regeln habe?«

Weshalb griff er mich derartig an, fragte ich mich. Raf war ja in den sechs Jahren seiner Krankheit dreieinhalb Jahre zu Hause gewesen. Und abgesehen davon war es doch sein eigener Wunsch gewesen, aufgenommen zu werden! Ich mußte wieder an die Gespräche mit meinem eigenen Psychiater denken und an die Theorien Laings, der immer den Eltern die Schuld gab an einer Geistesgestörtheit.

«Aber Herr Doktor«, sagte ich böse, »Sie kennen mich nicht und haben dennoch gleich Ihr Urteil über mein Verhalten Raf gegenüber parat. Ich sehe Sie zum ersten Mal. Mir ist es unangenehm, daß ich immer wieder mit einem anderen Psychiater sprechen muß, der gleich mit seinen Anschuldigungen kommt. Was wissen Sie eigentlich von den Schwierigkeiten zu Hause? Ganze Familien gehen vor die Hunde, weil sie mit jemandem in ihrer Mitte leben müssen, mit dem nicht zu leben ist. Sie wollen Raf nach Amsterdam schicken und ihn selbständig wohnen lassen, was selbstverständlich nicht gelingen wird. Demzufolge gibt es immer mehr überreizte Familien, aus denen dann wieder Menschen eingewiesen werden müssen.«

»So verhält sich die Sache nicht«, erwiderte er lehrerhaft. »Es ist die Familie, die das psychisch schwache Mitglied kaputt macht.«

Gespräche dieser Art brachten mich an den Rand der Verzweiflung, da ich mich nicht dazu imstande fühlte, anderen deutlich zu machen, wie ein Patient wie Raf sich zu Hause verhielt. Wenn man in Buiten Oord, mit so vielen Mitarbeitern, nicht in der Lage war, Menschen von Zerstörungswut, Aggression und Selbstmordversuchen zurückzuhalten, wie sollte das dann innerhalb einer Familie gelingen?

Infolge der inneren Krise führte man eine Reorganisierung mit einer neuen Tageseinteilung durch. Patienten, die man dafür geeignet hielt, wurden für lange Wochenenden beurlaubt, um ihrer Hospitalisierung in Buiten Oord vorzubeugen.

Raf kam jetzt, von der Leitung erzwungen, manchmal nach Hause. Er nahm dann immer den gleichen Freund mit, einen Studenten, der nicht unheilbar krank war, nach einiger Zeit genas und das Studium wieder aufnahm. Er besuchte uns noch oft.

Nachdem Raf einige Male zu Hause gewesen war, blieb er wieder weg, ohne etwas von sich hören zu lassen. Als ich ihn anrief, sagte er, er habe das Bedürfnis, allein zu sein. Ich fragte die Leitung, was los sei. Man sagte mir, Raf verhalte sich in letzter Zeit plötzlich dermaßen unangepaßt, gehe weg, wenn er wolle und bleibe manchmal tagelang fort, ohne jemandem Bescheid zu sagen, so daß man noch nicht wisse, was man davon halten solle. »Aber untersuchen Sie denn nicht, wo er stecken kann?« fragte ich beunruhigt.

»Wir können doch nicht das ganze Land nach ihm absuchen.«

»Aber wird denn überhaupt nicht gesucht, wenn jemand weg ist?«

»Nein, Raf ist hier auf der Basis von Freiwilligkeit.«

Wenn er mit der Zeit auch manchmal wochenlang wegblieb, er durfte dennoch nach Buiten Oord zurückkommen. Immer häufiger ergriff ihn der Wandertrieb. Niemand konnte ihn zurückhalten. In der Regel käme er geistesabwesend zurück, wurde mir erzählt; er könnte sich dann an nichts von dieser Wanderschaft erinnern.

Aber wie auch immer er sich fühlte, durch alle Ereignisse hindurch blieb er seiner Musik treu und war regelmäßig mit Liederschreiben und Gitarrespielen beschäftigt. In seiner halluzinatorischen Verfassung bekamen diese Lieder einen märchenhaften, rätselhaften Inhalt. Er dichtete von Liebe, von der Sonne, von der früheren und der zukünftigen Welt und von Wesen, die sich darin freundlich verhielten und eine trostreiche Zukunft vorhersagten.

In seiner Phantasie leitete er immer noch eine Band, und er sprach darüber, als ob die Band schon seit Jahren überall im Lande auftreten würde.

Damals hegte er eine große Verehrung für eine bestimmte Popsängerin. Schon öfter hatte er zu Hause den Wunsch geäußert, sie besuchen zu wollen, weil er Lieder für sie geschrieben hätte. Eines Tages jedoch, als er plötzlich wieder aus Buiten Oord verschwunden war, stellte sich heraus, daß er zu ihr gegangen war. Weil sie nicht zu Hause war und er ihr persönlich die Lieder übergeben wollte, wartete er die ganze Nacht vor ihrer Haustür. Als er auch die zwei anschließenden Nächte wieder da war, bekamen die Nachbarn Mitleid mit ihm und ließen ihn bei sich schlafen. Sie fragten ihn, wo er herkäme.

»Ich wohne in Den Haag, bei meinem Vater«, hatte er gesagt. »Ich studiere Musik. Es ist wichtig für mich, daß Minda die Musik bekommt, die ich für sie geschrieben habe.«

Die Nachbarn riefen Hans an. Der kam gleich und fragte, wo

Raf hin wolle. »Nach Buiten Oord. Dort wohne ich ja, oder?« antwortete er. Sonst gab er keinen Kommentar.

Sein Verhalten ähnelte jetzt dem in seiner schwierigsten Zeit zu Hause. Es gab Perioden, wo er überhaupt nichts tat, glasig vor sich hinstarrte und Tage, manchmal Wochen im Bett liegenblieb. Während der Besuchszeiten schaute er oft auf die Uhr und sagte dann, ich sollte weggehen. In solchen Augenblicken konnte er seine Halluzinationen nicht bezwingen. Er wollte mich das nicht merken lassen und ging immer einen Augenblick weg, um etwas zu sich selbst zu sagen, was ich nicht deutlich hören konnte. Allerdings hörte ich Kraftausdrücke, wie »Verdammt noch mal«, oder Fetzen wie »nicht geschehen, wenn...«. Bei seiner Rückkehr schaute er dann grimmig drein. Wahrscheinlich kostete diese Selbstbeherrschung ihn sehr viel Kraft.

Es schien mir nicht richtig, daß er in dieser Verfassung genauso behandelt wurde wie Patienten mit einem ganz anderen Krankheitsbild.

Ende der Woche rief die Leitung mich an und teilte mir mit, daß Raf vorläufig keinen Besuch mehr haben wolle. Zwei Monate lang fand ich mich damit ab und hoffte auf eine allmähliche Genesung. Als aber das Pflegepersonal mir auch danach noch keine Auskunft erteilen konnte, wurde ich immer unruhiger.

Mein Psychiater gab mir den Rat, der Sache noch einige Zeit ihren Lauf zu lassen. »In dieser Situation können Sie ihn ja doch nicht erreichen«, sagte er.

Von Angst getrieben fuhr ich schließlich, ohne Rafs Genehmigung, nach Buiten Oord. Ich hatte ihn inzwischen drei Monate lang nicht gesehen. Nur mit Mühe ließ man mich zu ihm. Als ich seine Tür öffnete, verschlug die schlechte Luft mir den Atem. Spinngewebe hingen quer durch sein Zimmer. Der Fußboden war übersät mit Schalen, Asche, Zigarettenstummeln und angebissenen Schnitten Brot. Dicke Fliegen summten umher und hatten sich an verschiedenen Stellen in Gruppen niedergelassen. Rafs Bettbezüge waren fast schwarz vor Schmutz, und alles war mit einer dicken Schicht Staub überzogen.

Offensichtlich war in dieser ganzen Zeit niemand vom Pflegepersonal in seinem Zimmer gewesen. Ich sah, daß Raf schlimm dran war. Er schaute mich verschwommen lächelnd an, als ob er sich in dieser Umgebung zu Hause fühlte.

Als ich nur eine Bewegung mit der Hand machte, um Platz für einige Kirschen zu machen, die ich mitgebracht hatte, sagte er verträumt: »Du darfst hier nichts berühren. Hier soll alles so bleiben.«

»Ist das Pflegepersonal auch dieser Ansicht?« fragte ich, um etwas mehr aus ihm herauszubekommen. Er jedoch wiederholte, mehr zu sich selbst als zu mir: »Hier soll alles so bleiben.«

Als ich ungefähr eine Stunde bei ihm gewesen war, in dem Zimmer, wo ich kaum auf einem Stuhl sitzen durfte, weil diese Unordnung für Raf wahrscheinlich eine magische Kraft darstellte, ging ich zur Gruppenleiterin.

»Rafs Zustand wird sich in diesem Zimmer nur noch verschlechtern, wenn nichts unternommen wird«, sagte ich.

»Raf ist selbst verantwortlich für sein Zimmer, und er soll es selbst aufräumen«, war ihre Antwort.

»Aber waren Sie denn wirklich auf seinem Zimmer? Das ist doch ein Schweinestall. Das kann doch nicht richtig sein! Sie wissen doch sicher, daß Raf in diesem schwerkranken Zustand nicht darunter leidet! Doch sein Wahnverhalten wird sich hierdurch nur verschlimmern. Diese Verschmutzung wird ihn immer kränker machen. Ich durfte nichts berühren. Er lebt wie in einem heiligen Schmutzpalast. Er *muß* Hilfe bekommen.«

Die Gruppenleiterin betrachtete mich von oben herab. Sie schwieg weiter.

»Wirklich, wenn Sie ihm helfen, wird er sich wieder einigermaßen erholen«, sagte ich mit noch einem Quentchen Hoffnung.

Sie reagierte jedoch nicht mehr. Dieser Zustand änderte sich lange Zeit nicht.

Für mich stand jetzt fest, daß Raf tatsächlich alles durchmachen sollte, was Laing als Therapie in seinen Büchern dargestellt hatte. Weil ich immer beunruhigter wurde, schrieb ich seinem Psychiater einen Brief und bat ihn, Raf nicht seinem Schicksal zu überlassen. Ich erhielt keine Antwort. Mein eigener Psychiater machte sich Sorgen um mich. Er wußte jedoch, daß er mir nicht helfen konnte.

Er wagte es nicht, mir zu erzählen, was noch alles mit Raf geschehen müßte, bevor dieser auf Hilfe würde rechnen können.

Ich rief täglich in der Klinik an. Dabei erfuhr ich von Mal zu Mal, wie inhuman sich Helfer im Glauben an eine neue Theorie verhalten können.

»Frau Anstadt«, wurde mir am Telefon gesagt, »Raf verläßt noch das Bett, um zu essen, mithin brauchen wir noch nicht zu verzweifeln.« Nach einiger Zeit kam Raf jedoch nicht mehr zum Essen. Die Leitung blieb stur. Man glaubte, ihn durch Hunger zwingen zu können, nach unten zu kommen. Als man jedoch feststellte, daß diese Theorie in Rafs Fall nicht stimmte, und als er nicht erschien, war man schließlich der Ansicht, daß etwas geschehen müßte.

Ich weiß nicht, wie lange er ohne Essen auf seinem Zimmer gelegen hatte. Ich fragte meinen Psychiater, was seiner Meinung nach geschehen würde. »Dies ist eine traurige Art, mit Menschen umzugehen«, sagte er. »Es ist jedoch alles gemäß der Theorie Laings.«

»Aber was werden sie mit ihm tun?«

»Laing hält es für günstig, wenn der Patient total regrediert, mithin infantilisiert wird. Nach seiner Theorie soll die Ursache aller psychischen Schwierigkeiten in den ersten Lebensjahren gesucht werden. Oft gehen Patienten dermaßen weit in ihre Kindheit zurück, daß sie sich auch vollkommen wie ein Baby verhalten. Sie lutschen, plappern wie ein kleines Kind, machen in die Hose und wissen auf die Dauer nicht mehr, daß sie essen müssen, um am Leben zu bleiben. Es ist nicht bekannt, ob diese Patienten vorübergehend klar genug sind, um zu erkennen, in welcher Lage sie sich befinden. Auch deshalb finde ich es falsch, sie ihrem Schicksal zu überlassen. Die Angst, die daraus entsteht, hat vielleicht noch einen größeren Schaden zur Folge als das, was in ihrer Jugend geschehen ist. Raf ist schon zu weit auf diesem Weg, sie können ihm jetzt nicht mehr helfen. Allerdings wird man in Buiten Oord jetzt schnell eine Lösung suchen müssen. Alternative Psychiater sind der Meinung, daß auch ohne Medikamente eine Genesung möglich ist. Rafs Zustand ist die Folge davon, daß er nicht rechtzeitig Medikamente erhielt. Laing zufolge soll Raf von innen her, von sich aus, diese schwere Regression überwinden. Laing meint, diese Erfahrung wirke heilend. Kürzlich ist bekanntgeworden, daß er Geistesgestörte, häufig Kinder reicher Eltern, die die teure Therapie bezahlen konnten, in normalen Häusern untergebracht hat, wodurch den Eltern die Schande einer Einweisung in eine psychiatrische Anstalt erspart werden konnte. Die geistesgestörten Kinder wurden dort ohne jegliche Kontrolle ernsthaft vernachlässigt. Psychiater kamen nur selten zur Visite. Wenn sie kamen, befanden sich die Patienten manchmal schon in einer dermaßen aussichtslosen Situation, daß ihre Psychiater nicht mehr hereingelassen wurden. In manchen Wohnungen lagen Patienten verschmutzt in ihrem Bett und waren nicht mehr dazu fähig, um Hilfe zu bitten.«*

Eines Tages, als ich mich wieder mal voller Angst nach Raf erkundigte, kam ein mir unbekannter Gruppenleiter an den Apparat. Er sagte, er arbeite erst seit kurzem in Buiten Oord. Seine Stimme klang freundlich. »Ja, Raf ist sehr krank gewesen. Ich kenne ihn noch nicht so gut, habe ihm aber geholfen, sein Zimmer aufzuräumen. Wir mußten doch irgendwo anfangen. Raf geht es seitdem ein bißchen besser. Wir werden ihm schon wieder auf die Beine helfen.«

Ich traf sofort mit diesem Gruppenleiter eine Verabredung, um Raf zu besuchen.

»Ich glaube, sie haben mich lange Zeit ohne Essen liegen lassen«, sagte Raf, als ich bei ihm war. Inzwischen waren schon wieder sechs Wochen vergangen, seit ich ihn das letzte Mal gesehen hatte. »Nie kam jemand zu mir. Ich erinnere mich, daß ich auf die Dauer ganz einfach in mein Bett gemacht habe. Ich weiß nicht mehr genau, wie all das war. Ich weiß auch noch, daß in einer Ecke meines Zimmers ein Haufen Bettwäsche lag und stank. Die wurde nicht weggeschafft.«

Er sah blaß aus, war arg mager geworden und schaute still vor

* Diese Situation wurde von Johanneke van Sloten beschrieben in einer Artikel-Serie mit dem Titel »Die Wirklichkeit der Anti-Psychiatrie in den Häusern Ronald Laings«, in der niederländischen Wochenschrift *De Haagse Post*, September 1980.

sich hin, mit einem erstaunten Lächeln. Nach einer Weile sagte er: »Weshalb tun Menschen einander das eigentlich an?«

Ich hatte Lust, ihn zu verwöhnen, um das auszugleichen, was ihm angetan worden war und ihn seine Einsamkeit weniger spüren zu lassen. Unvermittelt fragte ich: »Willst du wieder nach Hause, Raf?«

»Nein«, sagte er, »ich will in Buiten Oord bleiben, wenn ich auch nicht verstehe, weshalb sie das getan haben. Aber jetzt sind sie alle ganz nett zu mir.«

Ich verstand, daß ihr Verhalten die Folge ihrer Einschätzung von Rafs Krankheit war. Die Gruppenleiter leugneten immer noch, daß diese chronisch würde sein können.

Manchmal kam Sabina zu mir, um zu fragen, wie es Raf ginge. Sie war viel trotziger als er und konnte nicht verstehen, daß er dort noch bleiben wollte, wo man ihn derart behandelt hatte. Sie befand sich, was Raf betraf, ständig im Zwiespalt. Einerseits machte sie sich Sorgen um ihn und wollte wissen, wie es ihm ging, gleichzeitig jedoch lehnte sie es ab, zuviel über ihn zu erfahren. Manchmal, wenn sie bei mir aß und ich von Raf zu sprechen anfing, sagte sie: »Laß uns jetzt mal über etwas anderes reden.«

Während der letzten Zeit in Buiten Oord wurde Raf immer schwieriger. Er tat, was er wollte und war verwirrt und grimmig. Manchmal kam er nach Hause und blieb solange, wie es ihm gefiel. Von Buiten Oord her wurde nicht nach ihm gefragt. Als er wieder mal in Amsterdam war, sich mit unmöglichen Plänen herumschlug und allerhand merkwürdige Leute mitbrachte, so daß ich nicht mehr wußte, wo ich bleiben sollte, rief ich Buiten Oord an, um zu fragen, was ich tun sollte.

»Wenn Sie Raf hereinlassen, tun Sie das auf eigene Verantwortung. In diesem Fall erschweren Sie auch die Therapie. Aber Sie wollen ja, wie alle Mütter, Ihren Sohn wiederhaben und die Schuld an seinem Verhalten auf die Anstalt schieben. Wenn Sie Raf nicht mehr hereinlassen, ist er ja gezwungen, nach Buiten Oord zurückzukehren.«

›Kann ich so etwas tun?‹, fragte ich mich.

Es war schon Sommer und schönes Wetter, als ich zu Hause

beschäftigt war. Aus irgendeinem mir immer noch unerklärlichen Grund schaute ich nach draußen. Ich sah, wie Raf heranschlurfte und bekam heftiges Herzklopfen. Er war schlimm dran. »Jetzt hart sein«, dachte ich.

Es klingelte. Ich blieb regungslos stehen. Es klingelte wieder. Ich rührte mich nicht hinter dem Vorhang. Raf ging zurück auf die Straße. Er hob langsam seinen Kopf in die Richtung des Fensters, hinter dem ich stand, und senkte ihn dann wieder. Sein Körper wurde schlaff. Er wollte weggehen, drehte sich jedoch wieder um und blickte nochmal nach oben. Ich sah ihn in einem tiefen Seufzer die Schultern zucken. Schließlich ging er fort. Lange stand ich wie betäubt dort hinter jenem Fenster.

7 Frau Raas

Nach einem Aufenthalt von zweieinhalb Jahren in Buiten Oord mußte Raf buchstäblich vor die Tür gesetzt werden. Er wurde zu alt für diese Anstalt, außerdem war man auf die Dauer nicht mehr in der Lage, ihn ohne Medikamente zu halten. Daß sich seine Krankheit zunehmend verschlimmerte, widersprach der Ansicht der Leitung, Schizophrenie gebe es nicht.

Raf war wütend, weil er weg mußte. Er pflegte in den Tag hinein zu leben und hatte sich nie vergegenwärtigt, daß er eines Tages auf diese für ihn so sichere Umgebung würde verzichten müssen. Wenn ich ihn jedoch mit anderen Patienten verglich, die nach einem Aufenthalt von anderthalb bis zwei Jahren ein panisches Gefühl von Angst und Verlassenheit bekamen, wenn sie weggehen mußten, schien mir Rafs Reaktion nicht allzu ungünstig. Manche waren nicht mehr dazu fähig, sich in der Gesellschaft zu behaupten, nachdem sie in Buiten Oord abgeschirmt und fast ohne Verbote in einer unwirklichen Welt gelebt hatten, in der Anarchie herrschte. Die meisten Patienten waren nach der Mitteilung, daß sie sich auf ihre Entlassung vorbereiten sollten, total deprimiert. Ein Leben ohne die vertraute Umgebung ihrer Mitpatienten war für sie undenkbar. *Sie* waren allerdings auch nicht diejenigen, die behaupteten, Geistesgestörte sollten ihre Freiheit wiederbekommen. Sie kannten die nächtlichen Ängste des Alleinseins mit den manchmal unerträglichen Wahnvorstellungen. Daß Selbständigkeit gut für sie sei, wurde ihnen von der Leitung, von den Sozialarbeitern, von den Gesunden erzählt. Viele dieser jungen Menschen bekamen den Auftrag, zu lernen, selbständig außer Haus zu wohnen. Den Eltern empfahl man, ihre Kinder nicht in ihre Wohnung aufzunehmen, um in dieser Weise zu ihrem Loslösungsprozeß beitragen zu können.

Leute, die ich aus der Klinik kannte, sah ich später in der Stadt herumlaufen, vereinsamt, immer stärker vernachlässigt, mit verängstigten, flehenden Augen. Andere dagegen verschlossen sich vor allem und jedem, unfähig, sich selbst zu behaupten.

Einer der Patienten zog auf ein Wohnboot, nachdem er aus Buiten Oord entlassen worden war. Auch seine Eltern hatten den Auftrag bekommen, einen Loslösungsprozeß in Gang zu setzen. Eines Tages wurde er von seiner Familie tot auf dem Boot aufgefunden. Er hatte Selbstmord begangen. Für viele Patienten war es unmöglich, auf eigenen Beinen zu stehen. Manche sprangen vom Dach, nachdem man ihnen ihre Entlassung mitgeteilt hatte, oder versuchten auf andere Weise, ihrem Leben ein Ende zu setzen. Etliche Versuche sind gelungen.

Jahrelang hatten die Patienten in Buiten Oord leicht Kontakte knüpfen können. Alles wurde für sie getan und organisiert. Ihre Freizeit war so angenehm wie möglich gestaltet worden. Jetzt aber mußten sie auf einmal den großen Schritt tun, der vielen zu schwer war oder ihnen gar zum Verhängnis wurde. Der Gedanke, daß Raf wieder nach Hause kommen würde, beängstigte mich; es gab jedoch keine andere Lösung.

Da Sabina jetzt nicht mehr bei mir lebte, konnte ich für Raf die Mansarde einrichten. Er war inzwischen gut zweiundzwanzig Jahre alt, und ich hoffte, daß das Zusammenwohnen vielleicht erträglicher würde, wenn es auf zwei Etagen verteilt würde.

Aber sehr schnell zeigte sich, daß es ohne Medikamente überhaupt nicht ging. Raf fluchte vor sich hin, weinte, lachte, tobte, zertrat Möbel und warf mit Tassen um sich. Er war die weiten Räume von Buiten Oord gewöhnt, wo niemand ihn beachtet hatte. Und weil er sich von der dortigen Leitung im Stich gelassen fühlte, sagte er, er gehe nie wieder zu einem Psychiater. Nach einem drei Wochen dauernden Chaos machte er wieder den Tag zur Nacht.

Jetzt war ich froh darüber, denn wenn er gegen fünf am Nachmittag herunterkam, verhielt er sich etwas ruhiger. Es gelang mir mittlerweile, an kleinen Unregelmäßigkeiten in seiner Körperhaltung zu erkennen, ob ein schwerer Tag bevorstand. Manchmal hatte er eine Schulter in die Höhe gezogen, oder die eine Seite seiner Lippe hing ein wenig herunter. Dann wußte ich, daß ein Rückfall eintreten konnte. Wenn er sich nicht zu krank fühlte, um

Menschen zu empfangen, war manchmal Besuch da: Freunde aus Buiten Oord. Einer der Jungs erzählte, er sei inzwischen, mit noch einigen anderen, in Israel gewesen. Sie hätten dort in einem Kibbuz gearbeitet. Aber weil sie auf die Dauer der harten Arbeit und der strengen Disziplin nicht gewachsen gewesen wären, hätten sie dort weggehen müssen.

»Schade«, sagte er. »Dort war man nicht so allein. Die Leitung von Buiten Oord hatte gesagt, wir sollten uns nicht verstecken und viel unter die Menschen gehen, aber manche von uns kommen so gut wie nie aus dem Haus.«

Allmählich erfuhr man mehr über Patienten, die aus Buiten Oord entlassen worden waren. Da sie keine Medikamente einnahmen, irrten manche verstört in der Stadt umher. Ich hörte, daß manche von ihnen mißbraucht würden. Sie mußten Pakete zustellen, wofür sie ein wenig Geld bekamen. Der Inhalt dieser Pakete war ihnen unbekannt. Manchmal kamen sie dann mit der Polizei in Berührung und wurden zu Unrecht für drogenabhängig gehalten, wogegen sie sich nicht wehren konnten. Immer mehr von ihnen versuchten, in eine andere Anstalt aufgenommen zu werden.

Die ständigen Veränderungen in Rafs Krankheitsbild machten es mir unmöglich, das weiter zu tun, was getan werden mußte. Sogar die Arbeit außer Hause wurde zum Problem, weil Raf sich manchmal plötzlich dermaßen aggressiv verhielt und mit allem möglichen um sich warf. Ich bekam für mich selbst Beruhigungsmittel, denen ich reichlich zusprach, konnte damit jedoch nicht uneingeschränkt weitermachen. Ich entschloß mich, Doktor van Aken anzurufen, der Raf vor seiner letzten Einweisung geholfen und mit dem ich seit gut zwei Jahren nicht mehr gesprochen hatte.

»Ich werde Raf mit dem Querido-Haus in Verbindung bringen«, sagte er. »Dort werden Menschen eingewiesen, die psychische Probleme haben und noch nicht in der Lage sind, selbständig zu wohnen. Man versucht dort, ihnen zu einer gewissen Anpassung zu verhelfen, so daß es manchen mit der Zeit doch noch gelingen wird, selbständig zu leben. Wegen der Überweisung sollten Sie sich jedoch direkt an die städtische Gesundheitsbehörde wenden.«

Als ich dort anrief und nach der Abteilung Psychohygiene fragte, bekam ich wieder die Psychiaterin, Frau Raas, an den Apparat. Ich hatte ihre Stimme drei Jahre lang nicht mehr gehört, aber sie hatte sicher ein eisernes Gedächtnis, denn sie fing in der gleichen Weise an, wie sie vor Jahren aufgehört hatte.

»Na, Frau Anstadt, meinen Sie, Ihr Söhnchen wird mit seiner Einweisung ins Querido-Haus einverstanden sein?«

»Das weiß ich nicht«, antwortete ich nervös. Warum muß sie es mir noch schwerer machen, dachte ich. Hatte ich denn nicht genug am Hals mit Raf zu Hause und mit einer ganzen Klinik von ehemaligen Patienten um ihn herum, die regelmäßig kamen, weil sie Geborgenheit suchten?

An dem Tag, an dem Raf aufgerufen wurde, sich im Querido-Haus vorzustellen, war er schlimm dran, er wollte aber trotzdem gehen. Er kam aufsässig zurück. »Da geh ich nicht hin«, sagte er. »Dort gibt es nur irre alte Männlein.« Sein Entschluß stand fest, und ich wußte, daß daran nicht zu rütteln war.

»Na«, sagte Frau Raas, »können Sie wieder mal nicht auf Ihr Söhnchen verzichten?«

»Aber es ist unmöglich, Raf auf andere Gedanken zu bringen«, sagte ich.

»Auf jeden Fall werde ich Ihnen in Zukunft nicht mehr Rede und Antwort stehen«, war die Antwort. »Wir haben wirklich besseres zu tun, als uns ständig mit Rafs Zustand zu beschäftigen. Sie hätten ihn rauswerfen müssen, dann hätte er keine andere Wahl gehabt und wäre schon zum Querido-Haus gegangen.«

Hatte ich das nicht schon mal gehört? »Aber Raf ist doch mein Sohn«, sagte ich. Ich konnte mich immer noch nicht an dieses harte Vorgehen gewöhnen.

Wieder suchte ich Hilfe bei Doktor van Aken, der allmählich zum Psychiater meines Vertrauens geworden war. Er versprach, mir eine Sozialarbeiterin zu schicken. Wenn es ihr gelingen würde, mit Raf Kontakt zu bekommen, käme sie jede Woche einmal, um ihm zu helfen.

Bei ihrem ersten Besuch lag Raf im Bett. Er war dazu bereit, mit ihr zu reden. Als sie nach unten kam, sagte sie, er habe ihr viel erzählt. Sie käme jetzt jede Woche.

Um Raf herum war es inzwischen ruhiger geworden. Er wurde wieder apathisch, er aß auch nicht mehr und magerte stark ab.

Aber auch die Sozialarbeiterin konnte ihn nicht dazu bringen, Medikamente einzunehmen, so nachhaltig war bei ihm die Wirkung von Buiten Oord. Wir überlegten, was wir tun könnten, denn die Lage wurde kritisch. »Sie werden ihm Tropfen ins Essen tun müssen«, sagte die Sozialarbeiterin. »Das geschieht öfter. Raf hat es sich abgewöhnt, Pillen zu schlucken, und wir werden ihn in der jetzigen Situation nicht dazu bewegen können, dies freiwillig zu tun.«

Ich sah ein, daß es unumgänglich war. Raf wurde jetzt auch zu einer Gefahr für sich selbst.

Manchmal lag er stundenlang vor dem Ofen, und schon einige Male hatte er eine brennende Zigarette auf seine Kleider fallen lassen, weil er beim Rauchen eingeschlafen war.

Einmal, als ich von der Arbeit kam, nahm ich einen penetranten Brandgeruch wahr. Ich lief die Treppe hoch. In der Wohnung war keine Spur von Feuer. Ich ging auf Rafs Zimmer, dort war jedoch nichts zu erkennen, das auf Feuer hätte deuten können. Am Abend fiel mir auf, daß vor dem Ofen plötzlich ein großes, mit Kapok gefülltes Kissen fehlte, auf dem Raf oft lag. Plötzlich begriff ich, was geschehen sein mußte. Ich ging auf die Veranda und fand dort das Kissen, klatschnaß, mit einer Brandstelle größer als ein Fußball.

Als Raf abends nach unten kam, um sich etwas zu trinken zu holen, fragte ich, was geschehen war. »Ich habe das Kissen gegen den Ofen gelegt und bin eingeschlafen«, sagte er. »Als ich aufwachte, mußte ich arg husten, und das Zimmer war voller Rauch, weil das Kissen brannte. Ich habe es dann unter den Wasserhahn gehalten und es auf die Veranda gelegt. Das Fenster habe ich aufgemacht. Bevor du nach Hause kamst, habe ich es wieder zugemacht.«

Ich folgte dem Rat der Sozialarbeiterin und begann, Medikamente in Rafs Essen zu tun. Er war inzwischen fast acht Jahre krank und seit vier Monaten aus Buiten Oord zurück. Es zeigte sich, daß er nur eine geringe Dosis Medikamente brauchte.

Innerhalb einer Woche sprach er normal, klar und deutlich, nicht mehr verwirrt. Er interessierte sich wieder für seine Umgebung, aß besser und stand früh auf. Er besuchte gelegentlich auch wieder Jugendklubs, nahm wieder Kontakte zu Freunden auf, die er lange nicht gesehen hatte und bekam auch selbst wieder Besuch.

Seine schnelle Genesung schien unwirklich und fast unglaubwürdig. Mein Haus war wieder voll, wie früher. Als ich Raf bat, mit seinen Freunden auf sein eigenes Zimmer zu gehen, sagte er: »Das finden sie nicht gemütlich. Sie bleiben gern im Wohnzimmer, weil sie kein wirkliches Zuhause haben. Sie sitzen ja immer auf ihrem Zimmer.«

Die meisten von ihnen waren stark introvertiert und hatten keinerlei Gesprächsstoff. Auch deshalb hielten sie es für sicherer, bei mir unten zu bleiben. Ich stellte Fragen, sprach mit ihnen, und sie brauchten nicht zu antworten, wodurch sie ihre Isoliertheit nicht so klar empfanden. In jener Zeit lernte Raf Eddy kennen. »Er ist ein netter Junge. Er ist gerade aus der Berg-Klinik entlassen worden«, erzählte mir Raf.

Ein paar Tage später kam er mit Raf nach Hause. Ich bemerkte, daß sie vieles gemeinsam hatten und sich gut vertrugen. Eddy blieb zum Essen da und kam danach täglich zu uns. Er war ein intelligenter Junge und konnte sich damals noch gut konzentrieren.

»Was hältst du davon, wenn wir aufs Abendgymnasium gehen würden«, fragte Eddy eines Tages. »Irgendwann müssen wir die Schule halt hinter uns kriegen.«

Das hielt Raf für eine gute Idee. Einen Tag später hatte Eddy schon eine Verabredung mit dem Direktor getroffen, und nach einem ersten orientierenden Gespräch wurden Raf und er zur fünften Klasse des Gymnasiums zugelassen.

»Wie hat der Direktor euch denn getestet?« fragte ich Raf. »Er stellte uns einige Fragen, die wir beide leicht beantworten konnten.«

Anscheinend hatte der Direktor an ihnen nichts Außergewöhnliches bemerkt. Es war jedoch auch möglich, daß er ihnen eine

Chance bieten wollte, weil sie noch soviel vom alten Lehrstoff behalten hatten. Ich versuchte, Raf zu betrachten, als ob ich ein Außenseiter wäre. In der Tat, er sah gut aus. Er hatte jetzt schon zwei Monate lang Tropfen ins Essen bekommen, und mir war, als hätte es die Schwierigkeiten niemals gegeben. Ich genoß diese Zeit der Entspannung.

Wie ich jedoch schon befürchtet hatte, ging es mit der Abendschule nicht gut. Raf, der immer ein ausgezeichneter Schüler gewesen war, machte nicht mal seine Bücher auf. Wenn ich auf sein Zimmer kam, sah ich, daß manche Bücher noch in ihrer Plastikverpackung steckten.

Ich hatte den Eindruck, daß Raf in die Schule ging, weil er das Gefühl haben wollte, irgendwo dazuzugehören. Nach der Schule gingen Eddy, der Querflöte spielte, und er oft mit einer kleinen Gruppe in eine Kneipe, wo sie über Musik redeten.

Eddy gelang es noch, einige gute Noten zu bekommen; wie Raf sich jedoch in der Schule behaupten konnte, ohne irgend etwas dafür zu tun, war mir ein Rätsel. Als Eddy innerhalb eines halben Jahres wieder in eine Depression verfiel und nicht mehr aus seinem Bett kam, gingen beide nicht mehr in die Schule zurück.

Raf, der eine hilfsbereite Art hatte, besuchte Eddy jeden Tag, erzählte ihm Geschichten über die Milchstraße, ein Jugendzentrum in der Nähe des Leidseplein, und brachte ihm Süßigkeiten mit, um seine Stimmung aufzubessern.

Nach einer seiner Depressionen, die im allgemeinen nicht lange dauerten, erzählte Eddy mir mal, was Raf alles getan hatte, um ihm zu helfen. »Das hätte ich nicht gekonnt«, sagte er. »Manchmal fühle ich mich dadurch schuldig. Ich kann mich einfach nicht dermaßen auf andere einstellen.«

»Ach, ihr braucht einander«, sagte ich, um ihn zu beruhigen. »Raf hilft dir auch deshalb, weil er selbst nicht ohne dich auskommt. Also ist bei ihm auch Selbstsucht im Spiel.«

Raf erzählte immer noch überall herum, er habe eine kleine Band. Manchmal versprach er Menschen sogar, sie könnten bei ihm Arbeit bekommen. Fast all sein Geld, das er von der Sozialhilfe übrig hatte, gab er für Musikinstrumente aus, die auf den

Dachboden gestellt wurden. »Ich warte, bis die Band vollständig ist«, sagte er dann entschuldigend, weil er die Instrumente ja nicht benutzen konnte.

Wenn er sich, was diese Band betraf, nicht so merkwürdig verhalten hätte, hätte ich fast vergessen, daß er krank war.

Inzwischen hatte er auch wieder eine Freundin, die er auf dem Abendgymnasium kennengelernt hatte und die nichts von seiner Krankheit wußte.

Eines Tages sagte Raf, er wolle mit ihr nach Israel. Ich erschrak. An diese Möglichkeit hatte ich nicht denken wollen. Jedenfalls würde ich keine Gelegenheit haben, ihn die Medikamente einnehmen zu lassen, von denen er vollkommen abhängig war. Ich war mir sicher, daß Raf ohne seine Tropfen innerhalb einer Woche wieder genauso krank sein würde wie vorher, und ich hoffte, er würde seinen Plan nicht verwirklichen. Nach einigen Tagen fing er jedoch an, von seinem Reisepaß zu reden. Nach Dänemark sei er damals mit einer Touristenkarte gefahren, jetzt brauche er jedoch einen richtigen Reisepaß. Es war ihm also Ernst mit seinem Vorhaben.

Jetzt mußte ich ihm die Wahrheit sagen. Einen Augenblick lang spielte ich mit dem Gedanken, er würde vielleicht verstehen, daß Medikamente für ihn lebenswichtig seien. Ich wartete auf eine günstige Gelegenheit, es ihm mitzuteilen, denn ich hatte Angst vor seiner Reaktion.

Am nächsten Abend, als wir ruhig zusammensaßen und Kaffee tranken, fing ich an. »Raf, jetzt, wo du nach Israel willst, muß ich dir etwas erzählen«, sagte ich nervös. »Du hast bemerkt, daß es dir in letzter Zeit gut geht, aber ...« »Was aber?« fragte Raf.

»Ich tu Dir schon seit einem Jahr Tropfen ins Essen.«

Er schaute mich wortlos an und wurde rot im Gesicht. Seine Augen füllten sich langsam mit Tränen, die an seinen Backen herunterliefen, ununterbrochen.

Es blieb lange Zeit still. Dann sagte er: »Ich dachte, ich hätte es von alleine geschafft.« Er stand auf und ging auf sein Zimmer. Als er, erst zwei Tage später, wieder zum Essen kam, nahm er selbst seine Lebensmittel aus dem Kühlschrank.

Jetzt fing das ganze Elend von neuem an. Raf wollte niemanden mehr sehen, sogar Eddy empfing er nicht. Er hielt lange, unverständliche Monologe.

Manchmal konnte ich davon Wörter wie traurig ... klappt ... nicht ... nein ... warme Sonne, wo? ... mitbekommen. Dabei weinte er fortwährend.

8 Der Erlöser

Ein Jahr ging vorbei, ohne daß sich Rafs Zustand gebessert hatte. Er erlitt in kurzer Folge mehrere schwere Depressionen und war nachher verwirrter als vorher. Er stieg in Züge eine, ohne bezahlt zu haben. Er bekam aus den verschiedensten Gründen Strafzettel aus verschiedenen Regionen des Landes. Einmal rief die Polizei aus Venlo an. »Weshalb lassen Sie Ihren Sohn nicht in eine Anstalt einweisen?« fragte man mich.

»Mein Sohn ist dreiundzwanzig Jahre alt«, sagte ich resigniert. »Er will sich nicht behandeln lassen.«

Ich erhielt jetzt zunehmend Beschwerden. Immer wieder mußte ich alles erklären und die Sachen in Ordnung bringen. Raf hielt sich an keine einzige Regel. Er ging auch in Lokale, ohne zu zahlen. Wenn er erwischt wurde, gab er seine Adresse an und sagte einfach, er hätte nicht daran gedacht oder hätte vergessen, Geld mitzunehmen. Man konnte an seinem Gesicht sehen, daß er die Wahrheit sprach, und manchmal ließ man ihn einfach gewähren. Auch äußerlich hatte er sich jetzt verändert. Er kleidete sich schlampig, trug grelle Farben, Shawls um die Taille und um den Hals. Seine Haare hingen ihm bis auf die Schultern und vor die Augen. Er ging langsam, geduckt und schlurfend, und er sprach undeutlich, monoton und ganz leise. Manchmal tat ich ihm noch Medikamente ins Essen hinein, hatte jedoch ständig Angst, daß er es bemerken würde.

Nach all den Jahren hatte ich völlig den Mut verloren, so sehr, daß mir manchmal alles egal war. Ich hatte keine einzige Hoffnung mehr. Es war mir inzwischen ganz klar, daß ich mit den Schwierigkeiten selbst würde fertig werden müssen. Es war zu erwarten, daß noch viel mehr passierte, worauf ich gefaßt sein sollte und wofür ich Lösungen würde finden müssen. Es ging um meinen eigenen Sohn, und ich war mir jetzt im klaren darüber, daß ich die Verantwortung für ihn auf niemanden abschieben konnte.

Ich hatte mich in mein Schicksal ergeben, und das gab mir gleichzeitig auch ein wenig Kraft.

Wenn ich von der Arbeit nach Hause kam, nahm ich Librium ein, um mir Mut zu machen und Raf nicht das Gefühl zu geben, ich würde sehr unter seiner Krankheit leiden. Er spürte schnell, was in einem vorging, und litt darunter, wenn ich traurig war. Ich wollte versuchen, seinem traurigen Leben ein bißchen Farbe zu geben.

Nach einem Jahr, in dem Raf immer mehr Schwierigkeiten verursacht hatte, trat plötzlich eine Pause ein. Mir wurde erst nach einiger Zeit bewußt, daß nichts Aufsehenerregendes mehr geschah und daß er nur noch selten das Haus verließ. Jetzt gab es einen ständigen Wechsel in seinem Verhalten; mal wurde er von einem turbulenten, unruhigen Wandertrieb gepackt, mal verharrte er in vollkommener Apathie, wo Raf gar nichts mehr tat und viel halluzinierte. Meine eigenen Freunde lud ich schon längst nicht mehr ein. Es kamen nur noch geistesgestörte Bekannte von Raf, wenn er sie überhaupt hereinließ.

Auch Sabina kam manchmal. Mit ihr konnte er immer noch am leichtesten reden, weil sie jetzt, da sie an ihn gewöhnt war, in entspannter Weise mit ihm umging. Sie wohnte jedoch am Stadtrand und hatte ihre eigenen Probleme, die ihre Energie in Anspruch nahmen.

Ich versuchte mit aller Kraft, unser Leben lebenswert zu halten. Wenn Raf sich wohl fühlte, schlug ich ihm gelegentlich vor, mit mir Schach zu spielen.

Manchmal war er dazu bereit und schaute mich dann ganz traurig und verlegen an, als ob er sagen wollte: »Das ist alles, was mir übrigbleibt, und du durchschaust mich.« Dennoch spielte er gut.

An den Wochenenden schlug ich vor, Kuchen zu backen, oder ich bat ihn, mir beim Kochen zu helfen. Es mußte etwas getan werden, um ihn zu aktivieren, denn es fehlte ihm täglich mehr an Vitalität.

Wenn ich mit meinem Psychiater sprach, sagte der: »Sie sollten darauf gefaßt sein, daß Raf Sie immer weniger brauchen wird.

Wenn seine Halluzinationen ihn arg beanspruchen und er viele Stimmen hört, möchte er am liebsten in jener Welt bleiben. Das heißt nicht, daß Sie nicht versuchen sollten, ihn herauszuholen. Es ist wichtig, daß er sich zusätzlich auch noch mit der Außenwelt beschäftigt, denn halluzinatorische Vorstellungen sind beängstigend, und der Kranke ist manchmal dankbar dafür, davon abgelenkt zu werden.«

In jenem Winter erlitt auch Eddy einen schweren psychotischen Anfall. In äußerster Verzweiflung rief seine Mutter Raf an und bat ihn: »Bitte versuche, ob dich Eddy hereinläßt! Er hat schon seit Tagen seine Tür verriegelt und hat keine Lebensmittel mehr zu Hause.«

Es zeigte sich, daß Raf tatsächlich der einzige war, der in Eddys Zimmer hereingelassen wurde. Durch diese Aufgabe blühte Raf ein wenig auf, im Gefühl, daß man ihn wieder für etwas brauchte. Er ging jeden Tag zu seinem Freund und brachte ihm auch warmes Essen. Er erzählte mir, es gehe Eddy schlecht; er teilte jedoch keine Einzelheiten mit. Am Abend hörte ich, wie er vor sich hinmurmelte: »Das geht nicht mehr so.« Als ich jedoch fragte, was nicht mehr gehe, gab er keine Antwort. Ich bekam den Eindruck, daß er es unanständig fand, über ihre Krankheit zu reden und daß er meinte, ihre Schwierigkeiten sollten innerhalb ihres eigenen Kreises bleiben, da sie nur von Eingeweihten verstanden werden könnten.

Eine Woche später rief Eddys Mutter wieder an. Sie erzählte, Jungs aus der Nachbarschaft hätten ihren Sohn auf dem eiskalten Fußboden seines Zimmers gefunden. Eddy hätte alles, sogar sein Bett, aus dem Fenster geworfen. Er sei noch in der gleichen Nacht in die Berg-Klinik eingeliefert worden. Die Jungs, die sie alarmiert hätten, hätten Eddys Fernseher mitgenommen und Raf des Diebstahls beschuldigt. Die Mutter hatte die Situation durchschaut.

Raf war außer sich darüber, daß sein Freund in die Klinik gebracht worden war. Nach zwei Wochen besuchte er ihn, Eddy erkannte ihn jedoch nicht wieder. Als Raf nach Hause kam, weinte er.

Mit Geld beschäftigte Raf sich wenig. Von seiner Sozialhilfe gab er mir das, worum ich ihn bat, als Beitrag zu den Haushaltskosten, und der Rest interessierte ihn nicht.

Er gab wenig Geld aus. In letzter Zeit kaufte er auch keine Musikinstrumente mehr, so daß sein Gespartes wuchs. Regelmäßig hob er ein wenig Geld von seinem Girokonto ab, und wenn jemand auf der Straße seine Hand hinhielt, gab er alles, was er hatte. Er selbst brauche nichts, sagte er. In der Zeit, als er mit Eddy verkehrte, hatte dieser ihn davon abgehalten. Sie hatten einander korrigiert. Nun aber war es schon zweimal passiert, daß Raf jemandem einen Hunderter gegeben hatte. Das erste Mal bat er mich, als er nach Hause kam: »Mutti, gib mir mal zehn Gulden, ich habe nichts mehr.«

»Aber heute morgen hattest du noch so viel Geld«, sagte ich erstaunt.

»Ach, in der Nähe vom Dam gab es eine Frau mit einem Baby, die es brauchte.«

Ich gab ihm das Geld, in der Hoffnung, daß dies eine Ausnahme bleiben würde; als jedoch kurz darauf das gleiche passierte, erklärte ich ihm, daß das, was er gebe, zuviel sei. Er sagte, er würde in Zukunft nicht mehr als zehn Gulden mitnehmen. Dies verursachte jedoch wieder andere Schwierigkeiten. Als er an einem Abend ausging und schon um zehn wieder nach Hause kam, obwohl er in letzter Zeit halbe Nächte wegblieb, fragte ich ihn, was los sei.

»Zehn Gulden ist zu wenig«, antwortete er gelassen und lächelnd.

»Wieso?«

»In einer Kneipe wollte ein Junge auf meine Kosten ein Bier trinken, und als ich sagte, mein Geld sei alle, holte er eine Pistole aus der Tasche. Ich habe mein Portemonnaie auf die Theke gelegt und bin weggegangen.«

Er sagte, er hätte keine Angst gehabt. Das wunderte mich nicht. Raf tat alles im gleichen, ruhigen Tempo, im vollsten Vertrauen, ihm würde nichts passieren. Und ich hatte die starke Vermutung, daß er immer noch die Wahnvorstellung hatte, er wäre Jesus Christus.

Nach dem Vorfall in der Kneipe nahm er immer fünfundzwanzig

Gulden mit. Manchmal kaufte er mir im Nachbarschaftshaus Kunstgewerbliches, und wenn dort Kleider aus zweiter Hand angeboten wurden, kaufte er sich gelegentlich etwas. Mehr gab er damals nicht aus. Ich bekam deshalb einen richtigen Schrecken, als ich auf Kontoauszügen, die er hatte herumliegen lassen, sah, daß er innerhalb einer Woche zweimal fünfhundert Gulden abgehoben hatte. Ich hatte Angst, er könnte jetzt auch noch mit Drogen in Berührung gekommen sein, und fragte ihn, was er mit all dem Geld gemacht hätte. Er gab keine Antwort.

An jenem Abend führte er ein intensives Gespräch mit sich selbst. Manchmal konnte ich, indem ich versuchte, seine Aufmerksamkeit in Anspruch zu nehmen, diese Gespräche durchbrechen; wenn er jedoch dermaßen konzentriert mit sich selbst sprach, gelang mir das nicht. Er winkte dann ab und hielt seine Hand vors Ohr, um besser auf sich selbst hören zu können.

»Das darfst du nicht tun«, hörte ich ihn sagen. »Du siehst so lieb aus, und du bist so jung. Du machst mich traurig.«

Er sprach ganz zart mit jemandem, und ich wollte Näheres erfahren.

»Wer macht dich traurig?« fragte ich. Er richtete sich jetzt an mich.

»Wenn ich nicht schlafen kann, gehe ich manchmal am Abend im Viertel spazieren. Ich habe bemerkt, daß hier in den Nebenstraßen viele Nutten wohnen. Manchmal rede ich mit ihnen. Ich wußte aber nicht, daß unter diesen Nutten auch *ganz* junge Mädchen sind. Ich bin diese Woche mit einem solchen Mädchen mit aufs Zimmer gegangen. Ich sagte ihr, daß sie so lieb aussieht und daß sie das nicht mehr tun sollte. Ich fragte sie, ob sie mir das versprechen würde. Ich hatte gerade fünfhundert Gulden vom Konto abgehoben. Die habe ich ihr gegeben, zusammen mit meiner Krone. Ich sagte ihr, daß sie die gut aufheben soll. Schau, hier habe ich noch eine.«

Er zeigte mir ein glänzendes Etikett mit einer goldenen Krone darauf von irgendeinem Hoflieferanten.

»Aber, was hast du denn mit den zweiten fünfhundert Gulden gemacht?«

»Am nächsten Abend ging ich an ihrem Haus vorbei. Sie stand wieder da und wollte wieder das Geld haben.«

Mein Psychiater, um dessen Hilfe ich bei diesem neuen Problem bat, erklärte mir, dies seien Phantasien, die klar in Rafs Krankheitsbild hineinpaßten.

»Ich erinnere mich«, sagte er, »wie Sie schon vor Jahren erzählten, daß Raf eine rettende Gestalt sein möchte, und daß er sich eine Zeitlang einbildete, er wäre Jesus Christus. Sein Größenwahn hat sich allmählich entwickelt.

Am Anfang war er der Held aus den Büchern Karl Mays, dann der weltberühmte Sänger Bob Dylan und schließlich Jesus Christus selbst. Es ist klar, daß er sich auch jetzt für eine Art von Erlöser hält. Bei Schizophrenen äußert der Größenwahn sich oft in Heiligsprechungen von Huren, wobei die Jungfräulichkeit der Frau wiederhergestellt wird. Wenn Raf jenes Mädchen sieht, das sich selbst zum Verkauf anbietet, versteht er nicht, weshalb dermaßen liebe Mädchen Nutten sind und gibt ihr nicht nur sein Geld, sondern auch seine Krone. Das zeigt, daß er meint, im Besitz übermenschlicher Kräfte zu sein, mit deren Hilfe er ihre Unschuld wiederherstellen kann.

Die mit dem Größenwahn verbundenen Vorstellungen können immer umfassender werden und äußern sich dann als Omnipotenzphantasien. Doch wird der Schizophrene manchmal auch von großen Ängsten heimgesucht, denen er in seiner Phantasiewelt zu entrinnen sucht.

Er kennt auch Augenblicke der Glückseligkeit, wo er von Erlösungsvisionen überfallen wird, einem Glücksempfinden, das sehr stark sein kann. Merkwürdig ist, daß diese Visionen von Glückseligkeit denen anderer Schizophrener sehr ähnlich sind. Diese Wahnvorstellungen haben deutliche Muster. Sie sind den Traumgesichtern verwandt und den auf dem Wege des Gebetes empfangenen Vorstellungen, die in anderen Kulturen als göttliche Offenbarungen betrachtet wurden. Fast immer sind Gott und der Teufel im Spiel. Der Teufel ist ein furchterregendes Element, Gott ist die versöhnende Gestalt. Dem Kranken ist der Teufel der Feind, der Widersacher. Gott ist nicht nur der Bundesgenosse, der Hilfe anbietet, sondern auch die Gestalt des Patienten selbst. Gott und der Schizophrene werden eins. Diese Einswerdung kann eine tiefe Glückseligkeit bewirken. Manchmal auch erscheint Gott als der Frieden bringende Jesus Christus oder als leuchtende Gestalt auf seinem Himmelsthron. Der Teufel ist oft ein bockähnlicher Halbmensch mit Hörnern, wie er uns aus mittelalterlichen Legenden überliefert ist. Man könnte sagen, daß der Schizophrene diese Gestalten als Symbole des Kampfes zwischen Gut und Böse in sich selbst wiedergibt. Allerdings hat diese theoretische Erläuterung für Sie nur geringen praktischen Wert. Sie können Raf nicht helfen. Am besten wäre es, wenn er sich wieder aufnehmen lassen würde.«

Raf dachte jedoch nicht daran. Er ging jetzt immer häufiger zum Jugendheim in der Innenstadt und nahm spät in der Nacht Menschen mit auf sein Zimmer. In der Regel mußte ich sie dann wegschicken, weil sie laute Musik machten. Wenn ich nach oben ging, bemerkte ich, daß Raf meistens in all dem Lärm schlief. Als es mir einmal allzu bunt wurde, weckte ich ihn auf. Im Gegensatz zur Anfangszeit seiner Krankheit hatte ich gelernt, unter allen Umständen ruhig mit ihm umzugehen. Verborgene Aggressivität oder Bosheit meinerseits empfand er haarscharf, und er reagierte verwirrt darauf. Manchmal konnte er sogar mit einem verbissenen Gesicht und mit wütenden Augen zu mir herüberschauen, ohne etwas zu sagen. In einer solchen Verfassung war es unmöglich, mit ihm ins Gespräch zu kommen.

In den letzten Jahren seiner Krankheit hatte ich gelernt, daß es mir nur gelang, mit ihm zu reden, wenn ich selbst entspannt war. »Raf«, sagte ich, »du kannst so spät doch keine Leute mehr mitnehmen. Das können wir unseren Nachbarn nicht zumuten.«

»Die wollen immer mit«, sagte er resigniert, »auch wenn ich das nicht will. Schick sie einfach weg.«

Einmal kamen mitten in der Nacht zwölf Jungs. Als ich nach oben kam, sah ich, daß Raf nervös war. Er wollte, daß sie weggehen würden, es hatte sich aber offensichtlich herumgesprochen, bei Raf auf dem Zimmer könnte man schlafen. Gegen so viele kam er nicht an, und er bewunderte mich, daß es mir tatsächlich gelang, sie wegzuschicken.

»Ich gebe euch eine Viertelstunde, um zu verschwinden«, sagte ich, »sonst rufe ich die Polizei. Dies ist meine Wohnung, und hier möchte ich bleiben, und ich habe keine Lust, durch eure Schuld aus meinem Hause gesetzt zu werden.« Sie verschwanden. Es traf mich, daß sie keine Schwierigkeiten machten und offensichtlich auf meine Argumente hörten.

Ein anderes Mal, als Raf am Morgen nicht aus seinem Bett kam, hörte ich in seinem Zimmer einen Hund bellen. Durch eine breite Ritze in seiner Tür sah ich jemanden am Boden liegen, eine Injektionsnadel neben sich. Ein Hund an einer Leine lag gleich neben ihm. Das Tier fing zu knurren an. Ich rief durch die Ritze: »Sind Sie so gut und verschwinden Sie innerhalb einer halben Stunde.« Als ich später nach oben kam, war der Mann schon verschwunden, in großer Eile, wie ich bemerkte, denn die Spritze war noch da, und der Boden war übersät mit Kleingeld.

Damals liefen noch nicht soviele Drogenabhängige in der Stadt herum, und die wenigen, die es gab, hatten wenig Lust, entdeckt zu werden. »Der Mann hatte so gebettelt, ob er auch mal auf meinem warmen Zimmer schlafen dürfte«, sagte Raf später. »Und sein Hund sah so traurig aus. Ich hatte keine Ahnung, daß er ein Fixer war. Ich bin gleich eingeschlafen.«

»Hast du denn diese Spritze nicht gesehen?« fragte ich.

»Die habe ich erst gesehen, als du sagtest, daß er weggehen sollte.«

Ich konnte jetzt keine Nacht mehr ruhig schlafen. Es war mir zwar immer gelungen, die Leute wegzuschicken, jetzt aber lag ich stundenlang wach, weil ich seit dem Besuch dieses Fixers noch unheimlichere Störenfriede erwartete.

Nach dieser Zeit nahm Raf selten mehr als nur eine Person mit.

Mein Psychiater sagte, Raf habe Angst vor seinen Halluzinationen und wolle deshalb nicht allein sein. In der folgenden Zeit kamen auch Mädchen mit, denen ich dann am Morgen unten im Flur begegnete, weil sie auch meine Dusche benutzten, manchmal dermaßen ausführlich, daß ich ohne zu duschen zur Arbeit mußte. Unter ihnen waren auch ausländische Mädchen, die auf diese Weise eine preiswerte Unterkunft hatten.

Einmal hatte Raf ein deutsches Mädchen mitgebracht. Am Morgen danach hörte ich, daß er mit ihr nach Deutschland fahren wollte. Noch am gleichen Abend war er wieder daheim. In Nord-Brabant hatten sie ein paar Freunde von ihr besucht. »Die wollten Geld von mir«, erzählte Raf. »Das fand ich eine Unverschämtheit, denn ich hatte dem Mädchen schon vorher zweihundert Gulden gegeben. Ich lasse mich doch nicht ausnehmen. Als ich ihnen nichts gab, fingen sie an, mich zusammenzuschlagen. Ich wurde dermaßen wütend, daß ich hart zurückgeschlagen habe, und dann bin ich weggegangen.« Lachend fügte er hinzu: »Die haben, glaube ich, nicht gedacht, daß ich so stark bin.«

Sein Verhalten war sehr realistisch; offenbar hatte ihn diese Erfahrung wachgerüttelt. Ich besprach diese letzten Ereignisse mit meinem Bruder. »Laß den Raf doch einen Monat unser Gast sein«, sagte er. »Dann kannst du ein wenig zur Ruhe kommen. Ich werde mit Raf reden und ihm deutlich machen, daß es deiner Gesundheit wegen ist. Dann wird er schon einverstanden sein.«

»Bitte versucht, ihm wieder etwas von seinen Medikamenten ins Essen zu tun. Von euch erwartet er das nicht«,sagte ich.

Als Raf jedoch bei meinem Bruder war, zeigte sich, daß er nicht mehr richtig auf seine Medikamente ansprach. Vielleicht lag es auch daran, daß es dort nicht ruhig genug war. Mein Bruder hatte das Haus immer voller Menschen, da seine Frau sich dazu berufen fühlte, jedem zu helfen, der Schwierigkeiten hatte. Raf verliebte sich dort in ein Mädchen, das regelmäßig zu Besuch kam und auf seine Annäherungsversuche nicht einging. Dort wohnte auch ein Junge aus Kanada, der viel trank und Raf nachts weckte, weil er mit ihm Kneipen besuchen wollte.

Nach Rafs Heimkehr ließ ich mir einen Termin bei seinem Psychiater geben, der zuerst mit Raf und dann mit mir sprach. »Die Medikamente, die er bekommen hat, wirken schon noch«, sagte er. »Aber Raf ist jetzt schon mehr als zehn Jahre krank. Sie werden ihm eine größere Dosis geben müssen. Ich vermute, daß er auch noch etwas anderes dazu bekommen muß, denn er verhielt sich bei unserem Gespräch sehr depressiv. Vielleicht können wir daran etwas ändern. Sie werden von jetzt an seine Tropfen vermischt mit einem Pulver mit der Marmelade auf sein Brot tun müssen. Wenn das nicht klappt, versuchen Sie es am Abend im Pudding, oder in etwas anderem, das süß ist.«

Weil ich erschrocken reagierte, sagte er mit Nachdruck: »Frau Anstadt, ich verstehe, daß Ihnen das zuwider ist; es ist jedoch das einzige, was Raf und Ihnen ein wenig helfen kann, solange er nicht dazu bereit ist, sich aufnehmen zu lassen.«

In den ersten Tagen gelang es mir, Raf seine Medikamente zu verabreichen, und tatsächlich war er bald weniger benommen. Er war sogar unverkennbar munterer.

An einem Morgen unterhielten wir uns, als er plötzlich auf sein Zimmer ging und eine Stunde später mit einem Seemannssack zurückkam, der mit den nötigsten Sachen für eine Reise gefüllt war. Er sagte, er fühle sich wohl und wolle auf einige Zeit verreisen. Ich erschrak, beherrschte mich aber. Ich hatte während unseres Frühstücks schon einen fernen, fremden Glanz in seinen Augen gesehen. Es hatte mich traurig gestimmt, weil ich meinte, etwas wie neuen Mut bei ihm bemerkt zu haben. Ich war enttäuscht, daß er erst vor kurzem seine neuen Medikamente bekommen hatte und jetzt schon wieder damit aufhören mußte. Aus Erfahrung wußte ich, wie dieser Trip ausgehen würde. Er würde, wie immer, verstört und verschmutzt nach Hause kommen und sich an nichts mehr erinnern können. Ich wußte auch, daß es überhaupt keinen Sinn hatte, mich dagegen zu sträuben.

Als Raf weg war, überkam mich anstelle meiner Angst ein Gefühl von Resignation. Mir fiel ein, daß ich selbst auch schon lange nicht mehr auf Reisen gewesen war, und ich entschloß mich, die Situation auszunutzen und Urlaub zu machen. Ich wollte versuchen, mir über alle Schwierigkeiten, die mir bevorstanden, erst nach meiner Heimkehr Gedanken zu machen. Ich schloß mich Freunden an, die eine Reise durch Italien machten, und genoß diese sorgenfreie Zeit derart, daß ich wieder ganz munter wurde. Je mehr wir jedoch auf der Heimreise Amsterdam näherkamen, um so nervöser wurde ich.

Als ich mein Haus betrat, zeigte sich, daß meine Beunruhigung nicht ohne Grund gewesen war. Raf hatte es nicht durchhalten können, lange wegzubleiben, und allem Anschein nach war er schon wieder seit langem zurück. Das ganze Haus sah aus, als ob in allen Zimmern Mülleimer umgekippt worden wären. Es war ein warmer Tag, und es stank unerträglich. Raf lief in seiner Unterhose herum, trug eine blaue Sonnenbrille ohne Gläser und ein Leinenhütchen, das er oft trug, wenn er total durcheinander war.

Auf dem Sofa in meinem Zimmer lag ein Junge und schlief. Mich schüttelte es, als ich ihn betrachtete. Er war schmutzig, und seine Füße waren so schwarz, als ob sie niemals wieder sauber werden könnten. Es schien, als ob die Haut die schwarze Farbe in sich aufgesaugt hätte. Ich hatte ihn wohl gestört, denn er wachte auf. Er sagte nichts, stand auf, ging auf den Flur, zog seine Jacke an und verschwand, ohne zu grüßen. Ich versuchte, Raf deutlich zu machen, daß ich diese Schweinerei unmenschlich fand. Er kicherte jedoch nur und war nicht in der Lage, ein normales Gespräch zu führen.

»Raf, willst du dich nicht wenigstens anziehen?« fragte ich. »Bitte, versuch ein bißchen zu dir selbst zu kommen. Du mußt mir helfen, diesen Misthaufen zu beseitigen.« Er schaute mich ein wenig aufmerksamer an, wahrscheinlich deshalb, weil meine Stimme vor verhaltenen Tränen zitterte, und er hörte auf zu kichern. Er nahm das Hütchen ab, verschwand auf sein Zimmer und kam kurz danach herunter, um sich zu duschen. Ich sah, daß er die Taschen einer Jacke, die am Kleiderständer hing, durchsuchte. Unvermittelt sagte er mit einer vollkommen normalen Stimme: »Der Junge hat mein Portemonnaie mit hundert Gulden geklaut.«

Wie immer, wenn etwas Ernsthaftes passiert war, wurde er danach klar, aber auch traurig und schweigsam. »Weshalb tut so ein Junge das eigentlich?« fragte er mit trauriger Stimme. »Er war tagelang hier, und ich kannte ihn nicht mal.«

»Gerade deshalb«, antwortete ich. »Du mußt endlich verstehen, daß nicht jedermann nett ist. Versuche, ein bißchen vorsichtiger zu sein. Wirklich, Raf, du kannst nicht zu jedermann Vertrauen haben.«

Weil er in letzter Zeit wieder viel herumwanderte, konnte ich ihm nur noch selten seine Medikamente geben. Es wurde immer deutlicher, daß eine erneute Einweisung unvermeidlich war. Je älter er wurde, desto schlimmer wurde seine Krankheit.

Doktor van Aken sagte, es sei notwendig, Raf neue Medikamente zu geben. Für jeden war jetzt offensichtlich, wie geistesgestört er war. Er lief in merkwürdigen Kleidern durch die Stadt und sprach laut und gestikulierend vor sich hin. Außerdem hatte er jetzt eine merkwürdige Haltung angenommen. Den einen Arm hielt er gebeugt, wobei er seine Hand mit der Handfläche nach unten schlaff herunterhängen ließ. Tagelang lief er in dieser Weise herum, wie ein Hund, der Pfötchen geben will. Ich versuchte mal, darüber eine Bemerkung zu machen, spürte jedoch, daß es ihm mehr bedeutete als ich vermuten konnte. Er schaute zuerst finster auf mich und dann auf seine Hand, die sich, wie sich herausstellte, unabhängig von ihm verhielt, wie ein fremdes Objekt. Als er dann wieder zu mir schaute, war sein Blick ängstlich und gleichzeitig inständig flehend.

Ich verstand, daß seine Hand aus irgendeinem Grund in dieser Haltung bleiben sollte und daß davon etwas abhing, das er mir nicht erklären konnte. Meine Bemerkung hatte ihn wohl in Verwirrung gebracht.

Als ich später mit dem Psychiater darüber sprach, sagte der: »Es ist besser, Sie lassen ihn in seinen Zwangshandlungen nur gewähren. Vermutlich darf er diese Hand nicht herunterlassen. Er bildet sich vielleicht ein, daß davon viel abhängt.«

Auch auf der Straße bekam Raf jetzt Schwierigkeiten. Allmählich gab es in der Stadt mehr Drogenabhängige. Die Leute glaubten, auch er wäre einer, und wurden unfreundlicher zu ihm, im Gegensatz zu früher, als sie sich hilfsbereiter und nachgiebiger verhalten hatten.

Einmal, als ich mit einer Freundin durch die Stadt bummelte, begegneten wir Raf. Er sah weniger verwirrt aus als es normalerweise der Fall war, dafür jedoch trauriger.

»Ich darf nicht mehr in die Kneipe dort drüben.« Er zeigte mit dem Kopf auf die andere Seite der Straße. »Da ist jetzt ein neuer Inhaber. Sein Vorgänger war so nett. Alle meine Bekannten sitzen dort. Ich habe doch nichts getan.« Je verwirrter er wurde, um so öfter stellte er sich Aufgaben, denen er nicht gewachsen war.

Er fing an, bei der Post Nachtschicht zu machen. Für diese

Arbeit waren schon öfter merkwürdige Typen angestellt worden; am nächsten Morgen jedoch wurde Raf mit einem Tagesgehalt nach Hause geschickt. Er verstand nicht, weshalb er entlassen worden war. Er wußte nicht, daß er während der Arbeit immer vor sich hin sprach und dann nichts tat, weil er sich in solchen Augenblicken in einer anderen Welt aufhielt, zu der seine Umgebung keinen Zugang hatte.

Er fing erst wieder mit der Arbeit an, wenn er dazu angespornt wurde. Nach einer solchen Entlassung schämte er sich und wurde dadurch noch depressiver. Er wollte so gerne durchhalten, aber immer wieder schaffte er es nicht.

In solchen Fällen kam er tagelang nicht aus seinem Zimmer, und sein Zustand, in dem er nicht aß und viel halluzinierte, wurde täglich schlimmer. Mit der Zeit riet ich ihm davon ab, arbeiten zu gehen. Ich sagte, das Wetter sei zu schön und er könne besser im Vondelpark spazierengehen. Dann schaute er mich aber derart ungläubig und mit großen Augen an, daß ich mich wegen meines durchschaubaren Spieles schämte.

Eine Zeitlang durfte er bei der Mutter einer Freundin arbeiten, die er aus der Anstalt kannte. Sie stellte Papierblumen her. Schon bald bekam ich jedoch zu hören, daß er zwar immer kommen dürfe, um sich zu unterhalten, jedoch nur einmal in der Woche, um zu arbeiten. »Aber warum darf ich denn nicht jeden Tag?« fragte er mich. »Die Arbeit macht mir Spaß.«

»Vielleicht hat sie dann auf die Dauer nicht mehr genug Arbeit für sich selbst«, antwortete ich, »und will deshalb die Blumen lieber allein mit ihrer Tochter fertigen.« Er war noch nicht krank genug, als daß ihm hätte egal sein können, überall überflüssig zu werden.

Ich konnte seine zunehmende Isolierung nur schwer ertragen und hoffte manchmal, sein Zustand würde sich derart ändern, daß er nicht mehr darunter leiden würde. Er saß jetzt oft stundenlang in einer Ecke des Zimmers, still, mit traurigem Gesicht und hängendem Kopf, als ob er sich fragte, was er eigentlich mit diesem, nun einmal vorhandenen Leben anfangen sollte. Ich konnte ihm mit nichts helfen. Er wurde immer verschlossener, und ich war froh, daß ich Arbeit hatte, wodurch ich mich einen Teil des Tages von diesem Druck lösen konnte.

Ich wunderte mich nicht, als ich eines Tages vom Krisenzentrum des Wilhelmina-Krankenhauses angerufen wurde, wo Rafs Psychiater inzwischen Direktor geworden war.

»Frau Anstadt«, sagte er, »Raf ist zu uns gekommen und sagt, er gehe nicht mehr weg. Für ein Gespräch ist er zu verwirrt, er muß jedoch das Gefühl gehabt haben, so könne es mit ihm nicht weitergehen. Machen Sie sich keine Sorgen. Wir schicken ihn nicht weg. Ich warte, bis er sich beruhigt hat und werde dann herauszufinden versuchen, ob er dazu bereit ist, sich wieder in eine Anstalt aufnehmen zu lassen.«

Nach einigen Tagen wurde beschlossen, daß Raf, wenn er mit der Aufnahme einverstanden sein würde, in die Berg-Klinik gehen würde, deren Patienten mit Medikamenten behandelt wurden. Diese Wahl machte mich froh, denn für eine alternative Anstalt war mir alle Lust vergangen.

Zwei Wochen später hörte ich, daß Raf eingewilligt hatte.

9 Helen

Gleich bei meinem ersten Besuch sah ich, daß er sich in der angenehmen Atmosphäre und in der gepflegten Einrichtung dort wohlfühlte. Er erzählte mir auch von religiösen Festtagen, die man dort feierte. Er interessierte sich dafür und beteiligte sich gern. Religiöses und Mystisches hatte ihn schon von Kindheit an besonders angezogen.

Wir gingen im Wald spazieren, und Raf war auffallend gesprächig. Die neue Umgebung hatte ihn geistig etwas klarer gemacht. Er erzählte von der strengen Disziplin in der Klinik. »Ich finde das prima«, sagte er.

Ich erinnerte mich, daß er sich schon als Kind gerne an strenge Regeln gehalten hatte. In den letzten Jahren seiner Krankheit hatte er sich immer wieder darum bemüht, aus dem Haus herauszugehen, obwohl er davor oft Angst hatte, um seine Tage nicht zu verschlafen. Auch die Reisen, die er gelegentlich gemacht und manchmal nur ein paar Tage lang durchgehalten hatte, waren ein Beweis dafür, daß er immer wieder sich selbst überwinden wollte. Manchmal dachte ich, daß diese Selbstdisziplin und die Anforderungen, die er an sich selbst stellte, ihm dabei helfen würden, den Prozeß der Umnachtung zu verzögern. Mit der ihm verbliebenen Geisteskraft bemühte er sich bis zum Äußersten, sich zu behaupten. »Ich spiele viel Schach«, sagte er. »Es gibt hier gute Schachspieler. Ich muß mich sehr anstrengen, um zu gewinnen.« Er sah zufrieden aus. »Ich bleibe hier, bis ich mich gut genug fühle, um wieder etwas tun zu können.«

Ich besuchte ihn regelmäßig, und er erzählte, er bekäme nur wenig Medikamente. »Zuerst wollte ich überhaupt keine Pillen haben. Ich habe aber einen strengen Psychiater, und der sagte, das sei hier Vorschrift. Wenn es mir noch besser geht, will ich die Aufnahmeprüfung für die Musikhochschule machen. Ich habe schon mit dem Psychiater hier darüber gesprochen. Er ist damit einverstanden.«

Weil ich nach all den Jahren aus Erfahrung wußte, daß dieses Aufleben bei Raf nur von vorübergehender Art sein würde, erschreckte mich sein neuer Plan. Ich fragte mich, ob der Psychiater ihn wirklich diese Enttäuschung erleben lassen würde. In der letzten Zeit war Raf nicht mal in der Lage gewesen, Musik vom Blatt zu lesen. Es zeigte sich jedoch, daß er seinen Plan nicht aufgegeben hatte. Er hatte Formulare ausgefüllt. Als die Musikhochschule einen Brief für ihn an meine Adresse schickte, mit der Mitteilung, daß man ihn an einem bestimmten Tag zur Prüfung erwarte, rief ich seinen Psychiater an.

»Das können wir ihm doch nicht antun«, sagte ich ängstlich.

»Ich wüßte nicht, was ich dagegen tun könnte«, bekam ich zur Antwort. »Es wird für ihn ein harter Schlag sein; aber er findet sich so großartig auf dem Gebiet der Musik, daß er mir nicht glauben wird, wenn ich ihn davon abhalte. Also bleibt uns nicht viel anderes übrig als abzuwarten, was passiert.«

Raf erzählte mir, welche Musik er gerade einstudierte. Es war auch ein Lied von den Beatles darunter. Ich war zutiefst erschrokken. Ich fragte mich, ob ich die Musikhochschule anrufen sollte. Ich unterließ es. Doch wußten sie dort, wie sich später herausstellte, über Rafs Krankheit Bescheid. Nach seiner Prüfung, über die er nicht zufrieden war, bekam ich einen Brief, in dem man mir mitteilte, daß die Nachricht für mich persönlich bestimmt sei. Es blieb mir selbst überlassen, wie ich diese Sache mit Raf klären würde. Raf sei zwar musikalisch, schrieb man, aber krank. Er würde bestenfalls, wenn er sich wieder besser fühlen würde, eine normale Musikschule besuchen können.

Ich erzählte dies seinem Psychiater, der mir versprach, Raf die Sache möglichst schonend beizubringen.

Raf war zwar enttäuscht, nahm alles jedoch leichter, als ich erwartet hatte. Er war jetzt schon vier Monate in der Berg-Klinik, und es ging ihm relativ gut. Ich hatte schon gehört, daß man dort den chronischen Patienten Spritzen mit Langzeitwirkung gab und sie dann nach Hause schickte. Dann konnten sie in Amsterdam im Büro für Psychische Hilfe zu festen Zeiten vorsprechen, um sich neue Spritzen verabreichen zu lassen. Eines Nachmittags kam Raf plötzlich völlig fassungslos nach Hause. Er rannte durch alle Zimmer, als ob er verfolgt würde.

»Sei doch ruhig, was ist denn passiert?« fragte ich.

»Nein, ich kann nicht ruhig sein«, antwortete er. »Ich weiß nicht, was der Arzt mit mir gemacht hat. Ich weiß nicht, was los ist.«

Er rannte herum, um den Tisch herum, durch den Flur, rein in jedes Zimmer, raus aus jedem Zimmer.

»Man hat mich vor die Wahl gestellt«, sagte er, während er herumrannte. »Ich mußte wählen.«

»Was mußtest du wählen?«

»Der Psychiater wollte mir eine Spritze geben. Dann bräuchte ich drei Wochen lang keine Medikamente mehr einzunehmen.«

Während er sprach, setzte er sich, sprang wieder auf, rannte wieder herum, legte sich auf die Couch und stand wieder auf. Er konnte sich keinen Augenblick beherrschen.

»Ich wollte keine Spritzen«, fuhr er fort. »Dann sagte der Psychiater, daß ich, wenn ich mich weigerte, augenblicklich die Klinik verlassen müßte. Ich wußte nicht, was ich tun sollte. Dann hab' ich halt eingewilligt. Aber ich hab' Angst. Irgendwas ist passiert.« Er ging in mein Schlafzimmer, kroch in mein Bett, stand aber sofort wieder auf.

»Ich kann nicht still liegen. Was soll ich nur machen?« fragte er verzweifelt. »Ich werde dieses gehetzte Gefühl nicht los. Ich probier mal, ob ich in meinem eigenen Zimmer schlafen kann.«

Er ging nach oben, war aber innerhalb von zwei Minuten wieder unten. Er weinte jetzt. Ich merkte aber, daß es ihn nicht erleichterte. So etwas hatte ich noch nie erlebt, und ich fühlte mich machtlos. Ich rief Hans an, der so schnell wie möglich aus Den Haag kam. Raf war in der Zwischenzeit ununterbrochen herumgerannt wie ein tollwütiger Hund. Als Hans da war, rief ich das Gesundheitsamt an, weil wir befürchteten, Raf habe eine falsche Injektion bekommen. Das Gesundheitsamt hielt sich jedoch aus der Sache heraus. Sie sagten, sie seien nicht in der Lage zu helfen, und es passiere durchaus öfter, daß Patienten motorisch heftig auf sogenannte Depotpräparate reagierten, die in großen Dosen verabreicht und vom Körper allmählich absorbiert würden, so daß das Präparat manchmal einen Monat lang wirksam sei.

Hans und ich standen niedergeschlagen da und schauten zu, wie

Raf, total übermüdet, ununterbrochen durchs Haus rannte. Schließlich hielt er es nicht mehr aus und wollte in die Klinik zurück. Hans brachte ihn weg, und ich war erleichtert, weil ich davon ausging, daß man ihm dort schon etwas zur Beruhigung geben würde.

Noch am gleichen Abend kam Raf wieder nach Amsterdam. Er hatte es auch in der Klinik nicht aushalten können und war wieder weggelaufen. Müde vom Laufen, hatte er schließlich ein Taxi angehalten und sich nach Amsterdam fahren lassen. Verzweifelt schauten wir zu, wie er sich krümmte und wand und weder aus noch ein wußte. Schließlich brachte Hans ihn zum zweiten Mal in die Klinik.

Nach einer Woche erholte Raf sich allmählich. Doch als der Psychiater sich nach den vereinbarten drei Wochen von neuem mit einer Injektionsnadel näherte, weigerte Raf sich und mußte die Klinik verlassen. Er kam enttäuscht nach Hause. Er hatte nicht weggewollt, doch fürchtete er sich zu sehr vor den Folgen einer erneuten Injektion. Einige Jahre später schrieb der Psychiater H. M. van Praag, man habe psychiatrischen Patienten anfänglich große Dosen Medikamente verabreicht, weil man erwartete, dadurch ein besseres Ergebnis zu erzielen. Die Patienten hätten darauf oft mit großer Angst und auch gelegentlich mit heftigen motorischen Störungen reagiert. Jeder Patient habe, wie sich gezeigt hätte, im Hinblick auf Medikamente eine andere Toleranz. Heutzutage, so schrieb er, werde in den Kliniken empfohlen, mit der größtmöglichen Sorgfalt zu untersuchen, mit welcher Dosis von Medikamenten die besten Ergebnisse erzielt würden.

Zu Hause blieb Raf schweigsam, apathisch und ohne Kontakte. Auch diese Hoffnung auf Genesung, wobei er selbst solch eine positive Einstellung gezeigt hatte, hatte sich wieder zerschlagen. Seine Depressionen dauerten jetzt an, und er machte den Eindruck, als wäre er des Kämpfens müde. Geraume Zeit verstrich, wo wenig geschah. Raf schlief meistens. Manchmal gelang es mir noch, Medikamente in sein Essen zu tun, die ich vom Psychiater der Berg-Klinik bekommen hatte, als dieser in Amsterdam Sprechstunde gehalten hatte.

Raf hatte jetzt, wie sich herausstellte, Angst davor, allein in seinem Zimmer zu sein und schlief immer häufiger in seinem früheren Kinderzimmer; abgesehen von den Fällen, wo er den Mut gehabt hatte, auszugehen und dann aus dem Jugendklub jemanden mitzubringen, der bei ihm über Nacht blieb.

Eines Morgens, als er zu meinem Erstaunen schon wieder einige Nächte oben geschlafen hatte, fragte er: »Darf eine Freundin von mir unter die Dusche? Sie hat Angst davor, ohne deine Erlaubnis nach unten zu kommen. Sie ist ein bißchen schüchtern.« Letzteres beruhigte mich. Das Mädchen kam nach unten und verhielt sich bescheidener als ich es je von Rafs Freunden erlebt hatte.

Dieses Mädchen fing in einer stillen, wohlerzogenen Weise fast unmerklich an, sich in unserem Haus einzunisten, ohne daß ich etwas dagegen tun konnte. Sie grüßte mich leise, wenn ich ihr begegnete, und ich sah, daß sie Körbe voller Leckerbissen für Raf mitbrachte, der immer noch in seinem Bett blieb.

Wenn ich manchmal, bevor ich zur Arbeit ging, nach oben mußte, um Raf eine Nachricht zu hinterlassen, sah ich, daß sie ihm vorlas. Sie sah klug und freundlich aus, und ich verstand nicht, weshalb sie gerade Rafs Gesellschaft suchte.

Vorsichtig entwickelte sich jetzt manchmal ein Gespräch zwischen uns, wenn sie in der Küche war. Ich konnte die Frage nicht unterdrücken, weshalb sie sich zu Raf hingezogen fühlte. Sie sagte, sie wolle ihm helfen. Sie war nett und ruhig, gerade die Art von Mädchen, die Raf mochte. In seiner Einsamkeit und Apathie ließ er sich gerne helfen.

Helen erzählte mir, sie sei Kindergärtnerin, habe jedoch augenblicklich keine Arbeit. Es wunderte mich, mit wieviel Geduld sie Raf etwas erklärte, wenn er es nicht verstand. Oft schmiegte sie ihren Kopf an seine Schulter und kuschelte sich an ihn. Dann war auch er ganz zärtlich zu ihr. Er hatte während seiner Krankheit oft Freundinnen gehabt, sprach jedoch in den letzten Jahren nie mehr mit mir über sein Verhältnis zu Frauen. Ich wußte schon, daß Mädchen ihn gerne hatten, sogar dann, wenn er sehr durcheinander war. Manchmal riefen sie an. Wenn eine Stimme mir zusagte und Raf sich zu krank fühlte, um an den Apparat zu kommen, knüpfte ich ein Gespräch mit ihnen an. Dann hörte ich, daß sie ihn für einen traurigen, freundlichen Jungen hielten und ihm gerne helfen würden, ein wenig fröhlicher zu werden. Ich hatte den Eindruck, daß Raf es lästig fand, angerufen zu werden. Ich glaube, daß er in Ruhe gelassen werden und selbst entscheiden wollte, mit wem er Kontakt haben würde. Nach Wochen begann ich, mich an Helens Anwesenheit im Haus zu gewöhnen. Sie verhielt sich so ruhig, daß ich mich in ihrer Gegenwart entspannt fühlte.

Bei einem unserer Gespräche fragte ich sie, ob sie auch selbst eine Wohnung hätte.

»Ich habe in einer Kommune gelebt«, erzählte sie. »In der Nähe von Maastricht. Es war so schön dort. Manchmal sehne ich mich danach zurück. Ich will aber versuchen, hier Arbeit zu finden, und ich bekomme wahrscheinlich eine Wohnung von meiner Mutter. Sie hat hier ein paar kleine Häuser, und demnächst wird eines frei. Meine Schwester, die dort wohnt, zieht zu ihrem Freund. Raf will zu mir ziehen.«

Mit diesem Gedanken konnte ich mich versöhnen: Raf unter der Obhut von Helen. Allerdings fragte ich mich wieder, wie er dann seine Medikamente bekommen würde. Ich konnte ihn einerseits nicht mein Leben lang an mich binden. Andererseits wußte ich mit Sicherheit, daß auch Helen ihn auf Dauer ohne Medikamente nicht würde ertragen können. Ich spielte mit dem Gedanken, sie ins Vertrauen zu ziehen.

Wenn Raf schlief, kam sie jetzt immer häufiger in die Küche oder ins Wohnzimmer, um sich zu unterhalten. Manchmal kam auch Raf mit. Ich glaube, daß diese Zeit für uns alle drei besonders angenehm war. Es war auffallend, wie sehr sie sich ähnlich waren, sowohl äußerlich wie in ihrem Verhalten. Sie hatten beide dunkle Augen, dunkles Haar und verhielten sich freundlich und ruhig. Sie sprachen entspannt miteinander. Ich bemerkte, daß Raf sich durch Helens Nähe täglich besser fühlte. Allmählich lernte Helen unsere Familie und unseren Freundeskreis kennen. Sie wurde von allen akzeptiert und freundete sich auch mit Sabina an. Sie waren gleichaltrig und zeichneten beide gerne. Doch immer noch war es ein Rätsel, was sie bei Raf suchte. Auch Hans stellte ihr die Frage, was sie an Raf fesselte, aber ihre Antworten blieben ausweichend.

Sie hatte ein breites Interesse auf vielen Gebieten und konnte sowohl mit Hans wie mit dem Mann der inzwischen verheirateten Sabina ausführlich darüber reden. Wenn ich nachmittags nicht arbeitete, kamen Helen und Raf manchmal nach unten. Dann stickte oder zeichnete Helen, während Raf ihr wortlos zuschaute, ohne etwas zu tun. Er sah zufriedener aus als ich ihn seit Jahren erlebt hatte.

Helen machte uns oft Tee, kaufte Süßigkeiten und versuchte, es gemütlich zu machen. Manchmal kam ein Gespräch zustande, an dem auch Raf sich beteiligte, der dann aus seiner Isolierung heraustrat, weil etwas am Problem ihn interessierte.

Helen und ich setzten uns auch manchmal in der Stadt in ein Café oder gingen zusammen in ein Museum, wenn Raf keine Lust hatte, mit ihr rauszugehen. Es war, als ob ich sie schon seit Jahren kannte. Aber noch immer sprach sie ungern mit mir über Raf. Sie akzeptierte ihn wie er war und schaute nur verträumt vor sich hin, wenn ich ein Problem anzuschneiden versuchte, das mit ihm zu tun hatte.

Nach einem halben Jahr zogen sie um. Ich erwartete, daß alles gut gehen würde. Raf verhielt sich jetzt ausgeglichener, sprach wenig mit sich selbst und halluzinierte nicht spürbar. Allerdings war er immer noch sehr schweigsam und lachte nur selten. Nachdem sie jedoch umgezogen waren, zeigte sich, daß Raf das Bedürfnis hatte, jeden Tag bei mir Kaffee zu trinken. Das fand ich nicht nur gemütlich, sondern in dieser Weise war auch das Medikamentenproblem vorläufig gelöst. Nachdem sie eine Woche lang ihr eigenes Haus in Ordnung gebracht hatten, luden Raf und Helen mich zum Essen ein. Ich wußte, daß Helen nie kochte und nur sehr wenig aß. Aber als ich bei ihnen war, stellte sich heraus, daß Raf, der früher gut hatte kochen können, sich ziemlich ins Zeug gelegt hatte.

Das Häuschen bestand aus einer halben Wohnung: ein etwa fünf Meter langes und ebenso breites Zimmer und eine kleine Küche. Alles war da. Sie brauchten nichts anzuschaffen.

Es war Sommer. Oft gingen sie stundenlang spazieren und besuchten mich danach, ermüdet und zufrieden. Raf ging jetzt auch wieder mit Helen zum Jugendklub. Eines Abends traf er einen Jungen, den er schon lange nicht gesehen hatte und dem er zum ersten Mal bei Eddy begegnet war. Harry, den man wegen aggressiven Verhaltens während einer Israelreise in eine Klinik eingewiesen hatte, erzählte, er sei jetzt aus der Klinik entlassen worden, in der Eddy immer noch behandelt werde. Eddy gehe es sehr schlecht.

Raf besuchte mich eines Tages zusammen mit Harry. Dieser machte auf mich einen gehetzten, aggressiven und herrschsüchtigen Eindruck. Ich bat Raf, ihn nicht wieder mit in meine Wohnung zu bringen.

Harry, der Raf wieder tagtäglich an seine imaginäre »Band« erinnerte, kam jeden Tag mit neuen Plänen zu ihm. »Wir sind dabei, eine neue Gruppe zu gründen«, erzählte Raf. »Und Harry meint, ich sollte eine andere Gitarre kaufen. Er findet die, die ich habe, nicht gut genug.«

»Und bist du selbst auch der Meinung, sie sei nicht gut genug?« fragte ich.

»Ach, ich hätte auch schon ganz gern eine bessere. Für unsere Band brauchen wir eine elektrische.«

Es wurden wilde Pläne gemacht, die für viel Unruhe sorgten. Ich wußte, daß sie unrealistisch waren und nur zu Enttäuschungen führen würden. Helen spielte gut Klavier, aber auch sie konnte Harry nicht leiden und verhielt sich still und abweisend, in der Hoffnung, daß alles, womit die beiden beschäftigt waren, nur eine vorübergehende Laune sein würde. Doch Harry bekam Raf täglich mehr in den Griff, und Raf verlor durch all diese Zukunftsphantasien immer mehr den Boden unter den Füßen. Harry schleppte ihn jetzt immer häufiger mit; Helen blieb dann allein zu Hause. Zwar kamen Raf und Helen noch immer regelmäßig nachmittags zu mir, doch verhielt Raf sich jetzt weniger ruhig als früher. Oft sagte er zu ihr: »Macht es dir etwas aus, bei meiner Mutter zu bleiben? Ich muß zur Probe.« Wenn er wegging, nahm Helen manchmal ein Buch oder zeichnete etwas. Sie war nicht dazu bereit, über die Probleme der letzten Zeit zu reden. Allmählich kam

Harry auch mitten in der Nacht zu ihnen und machte es sich sogar zur Gewohnheit, Bekannte, die keinen Schlafplatz hatten, mit in die Wohnung zu bringen.

Eines Tages hatten Raf und Helen darüber in meiner Gegenwart einen kleinen Streit. Helen konnte all diese Unruhe nicht ertragen, war jedoch Harry mit seinem dominierenden Verhalten nicht gewachsen. Sie wurde auffallend schweigsam und mager. Ihre Augen wurden groß, und sie schaute ängstlich. Ich konnte ihnen nicht helfen, und es war klar, daß Raf auf diese Art und Weise ihre Beziehung kaputt machte. Er sah das noch nicht, glücklich wie er war mit seiner nicht existierenden Band.

An einem der Nachmittage bei mir zu Hause bemerkte ich, daß Helen sich anders verhielt als normal. Sie war aufgeregt, fassungslos, sogar aggressiv und sprach ständig. Sie war nicht zu bremsen. Raf schaute sie schweigend an. Als sie ein wenig ruhiger wurde, fragte er besorgt: »Hat es dir gut getan, dich auszusprechen?« Und zu mir: »Zu Hause sagt sie fast nie mehr etwas, und sie ißt auch nicht, was ich auch koche.« Obwohl er sich ernste Sorgen machte, sah er keinen Zusammenhang zwischen ihren Problemen und Harry.

Als sie gegangen waren, kam eine unbestimmte Angst in mir auf. Ich hatte durch Helens Verhalten in der letzten Zeit gemerkt, daß sie und Raf auch in ihren negativen Äußerungen gleich reagierten. Ihr introvertiertes Verhalten, die Tatsache, daß sie nicht aß und die merkwürdige, aggressive Art, in der sie sich plötzlich äußern konnte, erinnerten mich an Raf, wenn er einer Lage nicht mehr gewachsen war.

Aber sie kamen immer noch jeden Nachmittag, beide in gedrückter Stimmung, beide schweigsam. Helen sah sehr schlecht aus. Ihre Augen, die immer so freundlich dreingeschaut hatten, waren jetzt starr vor Angst. Ich hatte den Eindruck, daß sie auch weiterhin kamen, um Hilfe bei ihren Problemen zu bekommen. Ich wußte jedoch, daß ich Raf nicht dazu würde bewegen können, die Freundschaft mit Harry aufzugeben, und solange Helen nicht in der Lage war, Raf zu sagen, was sie störte, würde alles beim alten bleiben.

Raf machte sich große Sorgen um sie und schlug vor, eine Zeitlang nach Südfrankreich zu fahren. Vielleicht würde ihr das gut tun. Helen erholte sich einigermaßen, wahrscheinlich durch die Aussicht, für einige Zeit Ruhe zu haben. Ich machte mir jetzt Sorgen um beide. Ich hatte Angst, daß Helen im Ausland etwas zustoßen würde und daß Raf, jedenfalls ohne Medikamente, der Lage nicht gewachsen sein würde. Sie fuhren in ziemlich guter Stimmung los, mit dem »Magic Bus«, mit möglichst wenig Gepäck und in der Absicht, so lange fortzubleiben, bis es Helen besser gehen würde.

Nach einer Woche waren sie jedoch wieder da. »Es war dort so still«, sagte Helen. »Wir hatten den ganzen Tag niemanden, mit dem wir reden konnten.« »Wir hatten Heimweh nach Holland«, sagte Raf. »Helen wollte zurück, um abends ins Jugendcafé zu gehen und um mit dir reden zu können.«

Sobald Harry erfahren hatte, daß sie wieder im Lande waren, beschlagnahmte er Raf total, so wie vorher, und Helen wurde immer schweigsamer. Am Wochenende nach ihrer Rückkehr fuhren Helen und Raf zur Familie seines Vaters nach Den Haag. Diese Verabredung hatten sie schon vor längerer Zeit getroffen.

Bevor sie hinfuhren, kamen sie noch kurz bei mir vorbei. Raf schaute bedrückt. Ich hatte den Eindruck, daß etwas geschehen war, über das er nicht reden wollte, und daß er Angst hatte, etwas könnte schiefgehen. Helen zitterte, als ob ihr kalt wäre. Sie sah blaß aus, ließ sich jedoch, obwohl sie sich nicht wohlfühlte, willig mitführen. Sie kannte Hans und seine Familie gut und mochte sie gerne.

Am selben Abend noch rief Hans an. Seine Stimme klang besorgt. »Das war mir ein mühseliges Abendessen«, sagte er. »Helen hat die Stimmung dermaßen gedrückt, daß wir das Abendessen schnell beendet haben. Ich halte sie für krank. Sie ist in einer schwer depressiven Verfassung nach Amsterdam zurückgegangen.«

Am nächsten Tag kam Helen ohne Raf zu mir. Ich hatte den Eindruck, daß sie mit sich selbst nichts anzufangen wußte. »Ich kann meine Melancholie immer schlechter ertragen«, sagte sie. Sie fing an, mit leiser Stimme eine Geschichte zu erzählen, die sie wahrscheinlich schon längst hatte loswerden wollen. »Als ich letztes Jahr zu Raf kam, hatte ich schon ein Jahr in einer psychiatrischen Anstalt in der Nähe von Breda verbracht. Ich bin als vollkommen geheilt entlassen worden und brauchte keine Medikamente mehr einzunehmen. Allerdings hat der Psychiater mir empfohlen, Streßsituationen zu vermeiden. Anfänglich war das Verhältnis zu Raf auch ruhig und entspannt.«

»War das deine erste Aufnahme in eine Klinik?« fragte ich sie.

»Nein«, antwortete sie. »Zwei Jahre vorher, nachdem ich die PH absolviert und zu intensiv gearbeitet hatte, war ich zum ersten Mal aufgenommen worden. Ich habe dem Anstaltspsychiater versprechen müssen, mich mit ihm in Verbindung zu setzen, sobald ich bemerken würde, daß es nötig würde.«

»Und wirst du das auch tun?«, fragte ich besorgt. »Wirst du nicht zu lange warten?«

Sie hielt den Kopf gesenkt, aber schaute mich danach kurz mit einem Blick des Einverständnisses an und nickte. Sie verstand, daß ich wußte, daß es jeden Augenblick zu spät sein könnte. Sobald sie psychotisch werden würde, würde sie sich an keine Verabredung mit ihrem Psychiater mehr erinnern können.

Raf hatte Harry besucht, und als er Helen abholte, wurde sie zum ersten Mal ausfallend gegen ihn. Es tat mir weh zu sehen, wie ungeschickt sie das machte. Da ihr jetzt aber alles zuviel geworden war, verlor sie ihre Selbstbeherrschung, und sie war zum ersten Mal in der Lage, Raf zu sagen, was sie von der Situation hielt. Endlich sagte sie, sie könne Harry nicht ausstehen, Raf lasse sie regelmäßig wegen ihm und der Band im Stich, und sie könne diesen Zustand nicht mehr ertragen.

Dies alles brachte sie nur holpernd und stolpernd hervor. Raf schaute unglücklich drein und sagte zu mir: »Es ist jetzt zu Hause so bedrückend. Ich bin ja geradezu gezwungen, wegzugehen. Helen sagt ja kein einziges Wort mehr.«

Es war mir schon eine Zeitlang aufgefallen, daß er über sie und nicht mit ihr sprach.

Bevor sie weggingen, bat ich Helen noch einmal, mir zu versprechen, sich möglichst schnell mit ihrem Psychiater in Verbindung zu setzen. Dann hörte ich einige Tage lang nichts von ihnen. Nach einer Woche wurde ich unruhig und ging zu ihnen.

Helen lag im Bett. Sie reagierte dermaßen benommen, daß ein Gespräch nicht mehr möglich war. Was mich jedoch in einen noch größeren Schrecken versetzte, war, daß auch Raf sich jetzt in einem psychotischen Zustand befand. Er reagierte nicht auf mein Erscheinen und war damit beschäftigt, mit einem breiten Filzstift die Wände mit komischen Wörtern wie Hilifi, Malafa und Abalafa vollzuschreiben. Dieser Zustand bei ihm war mir bekannt. Er hatte schon öfter die Wände mit unverständlichen Wörtern vollgeschmiert.

Die Situation mit Helen war ihm wahrscheinlich zuviel geworden.

Ich kochte Tee und machte Butterbrote. Dann sagte ich: »Raf, du verstehst doch sicher, daß etwas geschehen muß. So könnt ihr hier nicht bleiben.«

Raf schaute mich verzweifelt an und sagte dann zu Helen: »Du darfst nicht weg. Du darfst dich nicht aufnehmen lassen. Hörst du, Helen. Du sollst dich nicht aufnehmen lassen. Ich werde gut für dich sorgen.«

Dann richtete er seinen Blick wieder auf mich, als ob ich das erlösende Wort sprechen könnte. Solange sie selbst jedoch keine Genehmigung für eine Aufnahme erteilten, konnte ich das Gesundheitsamt nicht um Hilfe bitten. Ich konnte also vorläufig gar nichts tun und ging heim, im Bewußtsein, daß die Lage sich noch würde verschlimmern müssen, bevor etwas unternommen werden könnte.

Noch in der gleichen Nacht rief Raf mich an. »Bitte komm. Es wird immer schlimmer mit Helen. Ich weiß nicht, was ich tun soll.«

Ich nahm sofort ein Taxi. Als ich angekommen war, gab ich Helen zur Beruhigung eine Valiumtablette, denn sie redete wirres Zeug. Sie schlief bald ein. Auch Raf schlief, durch die Ereignisse ermüdet, schnell ein. Ich rief das Gesundheitsamt, Abteilung Psychische Hygiene, an. Der Psychiater kam erst am nächsten Nachmittag. »Ich rate Ihnen, mit ihr zum Notarzt zu fahren«, sagte er. »Im Pavillon Drei ist nämlich kein Platz für akute Fälle.«

»Aber mein Sohn ist geistesgestört, und durch diese Situation ist auch er in eine akute Psychose geraten. Sie sind befreundet, sie wohnen zusammen, und es muß doch eine Möglichkeit geben, dieses Mädchen aufzunehmen. Ich kann sie in dieser Lage doch nicht allein lassen. Ich muß zu meiner Arbeit.«

»Ich verstehe es«, antwortete er. »Ich weiß jedoch im Augenblick keine Lösung für Sie.«

Ich bestellte ein Taxi. Helen murmelte einige unverständliche Sätze, ging aber ohne Protest mit. Raf schlief noch.

Im Wartezimmer des Notarztes legte ich Helen auf die Holzbank und deckte sie mit ihrem Mantel zu, in den sie sich hineinwickelte, als ob sie ein Baby wäre. Sie steckte einen Finger in den Mund und brummelte etwas. Stundenlang warteten wir dort. Es stand kein Psychiater zur Verfügung, an den ich mich hätte wenden können.

Raf war gegen Abend aufgewacht. Als er sah, daß wir nicht zu Hause waren, suchte er uns überall und landete schließlich gleichfalls beim Notarzt.

Es war inzwischen elf Uhr abends geworden. Raf begann zu weinen, als er uns sah, und wiederholte immer wieder, daß Helen nicht aufgenommen werden dürfte.

Der Lärm, den wir machten, war vielleicht auch für den Notarzt ein ungewöhnliches Phänomen. Helen schaute schläfrig um sich, mit zerzausten Haaren. Sie verstand nicht, was los war. Auf jeden Fall schaute jetzt jemand nach uns. Unmittelbar danach erschien eine Psychiaterin. Sie schaute mich einen Augenblick schweigend an.

Ich hatte die Stunden im Wartezimmer dazu benutzt, Helen zu beruhigen und hatte keine Zeit gehabt, alles zu überdenken. Die Psychiaterin schaute Raf an, dann Helen und danach mich und sagte: »Das geht so nicht, das können Sie unmöglich alleine schaffen. Das Mädchen muß sofort eingewiesen werden.«

Raf schaute uns mit ängstlichen Augen an, ergriff Helen, die selbst willenlos war, bei der Hand und rannte mit ihr weg. Ich hatte vierundzwanzig Stunden mit ihr zusammen verbracht, war totmüde und konnte kaum noch reagieren. Die Psychiaterin blieb einen Augenblick bei mir sitzen und legte schweigend ihren Arm um meine Schulter. Diese Gebärde brachte mich wieder zur Besinnung.

»Rufen Sie mich so schnell wie möglich an, wenn Ihr Sohn und seine Freundin in eine Aufnahme einwilligen. Auf jeden Fall wird ein Platz für das Mädchen zur Verfügung stehen. Es ist für Sie eine unmögliche Aufgabe, die Verantwortung für zwei psychotische Patienten zu übernehmen.«

Schon in der folgenden Nacht rief Raf mich an. Er fürchtete sich vor Helen. »Mutti, hol' sie ab«, sagte er. »Ich will nicht mehr zu Hause bleiben. Diese Helen ist so ganz anders geworden.«

Ich versuchte ihn zu beruhigen und sagte, ich käme gleich, aber er müsse bleiben, bis ich bei ihnen wäre. Als ich kam, legte Raf sich auf den Boden und schlief sofort erschöpft ein. Ich sah, daß die Wände inzwischen noch mehr beschmiert waren, jetzt mit Leitern, die quer durch alles hindurch gezeichnet waren. Zwischen zwei Sprossen befand sich jeweils eine Zahl. Auch hatte Raf an Stellen, die bisher noch unbeschrieben geblieben waren, mit rotem Filzstift den Namen »Hilifi« hingeschrieben.

Helen ging hin und her, kroch ins Bett, stand wieder auf, legte sich ihre Decken zurecht und kroch wieder ins Bett. Sie sprach ununterbrochen unverständliche Sätze zu sich selbst. Ich gab ihr wieder ein wenig Valium, blieb die ganze Nacht wach, und als ich am nächsten Morgen das Wilhelmina-Krankenhaus anrief, verband man mich schnell mit der Psychiaterin, mit der ich am vorhergehenden Abend gesprochen hatte.

Auf dem Weg zu Pavillon Drei tröstete Raf Helen mit der Zusage, daß er sie schnell wieder holen würde, sobald es ihr wieder besser ginge. Er war sehr besorgt um sie und ganz lieb zu ihr. Helen schwieg. Sie schaute nur erschreckt um sich. Als wir das Wilhelmina-Krankenhaus erreicht hatten, wollte sie weglaufen. Ich versuchte mit ihr zu reden. »Nein, Helen, mach das lieber nicht. Wir besuchen dich heute abend.« Sie ließ sich überreden und ging mit uns zur Abteilung.

Der Psychiater war pessimistisch. »Wenn die Psychose dermaßen weit fortgeschritten ist, daß der Patient keine Selbstkontrolle mehr hat, gelingt es in der Regel nicht, den Patienten ohne Zwangseinweisung festzuhalten. Ich habe den Eindruck, daß sie davonlaufen wird, darf das aber nicht verhindern. Deshalb sind diese Fälle so schwierig zu behandeln.«

»Kann man denn in diesem Fall nichts machen?« fragte ich. »Sie hat im Augenblick niemanden, der für sie sorgen kann.« Er antwortete jedoch nur: »Leider.«

Wir ließen Helen da und versprachen, möglichst früh am Abend wiederzukommen. Aber das war nicht nötig. Innerhalb von zwei Stunden war sie weggelaufen. Raf war mit mir nach Hause gegangen. Er sagte nichts.

Als aus dem Wilhelmina-Krankenhaus angerufen wurde, daß Helen nicht mehr da wäre, ging Raf in ihre eigene Wohnung.

Am gleichen Abend hatte ich eine der Frauen der Kommune, in der Helen gelebt hatte, am Telefon. Sie erzählte mir, Helen habe eine Fahrkarte nach Maastricht gelöst und sei jetzt bei ihnen. »Aber wir können sie in dieser Verfassung nicht bei uns behalten«, sagte sie.

»Das verstehe ich«, antwortete ich. »Aber ich habe mich so lange um Helen gekümmert, daß es mir jetzt reicht. Ihr kennt wahrscheinlich ihre Mutter. Jetzt ist die dran.«

»Das finde ich nicht richtig«, sagte die Stimme am anderen Ende der Leitung. »Sie haben damit angefangen, und Helen will nichts mehr mit ihrer Mutter zu tun haben.«

»Ich kann hier gar nichts mehr tun«, sagte ich klipp und klar. »Ich habe getan, was ich tun konnte.«

Nach Helens Abreise hörte ich einige Tage nichts mehr von Raf. Dann kam er wieder regelmäßig. Er erzählte nicht viel, und ich fragte auch nichts. Allerdings schien mir, daß er am Anfang wenig unter Helens Abwesenheit litt. Im Gegenteil, er schien von einer schweren Last befreit zu sein. Er sagte, er würde sich jetzt auf seine Band konzentrieren. Nach und nach erfuhr ich mehr über die Situation in Helens Haus. Es hatten sich dort, wie sich herausstellte, einige junge Leute unter Harrys Führung eingenistet, die viel Lärm machten und nachts Schallplatten hörten. Die Nachbarn hatten geklagt und gedroht, eine Beschwerde einzureichen. Nach dieser letzten Nachricht kam Raf immer seltener zu mir. Wahrscheinlich gab es in einem überfüllten Haus, in dem nachts gelebt wurde, keine Möglichkeit zu schlafen, und er mußte seinen Schlaf tagsüber nachholen.

Als er einige Wochen später wieder erschien, sah er schlecht aus und konnte sich, mangels Medikamenten, schlecht konzentrieren, was sich in langen Pausen zwischen seinen Sätzen bemerkbar machte. »Helens Mutter hat das Haus vermietet«, sagte er. »Ich wohne jetzt irgendwo mit Harry und seiner Freundin.« Weiter kam nichts. Er schaute verträumt vor sich hin.

»Wo wohnst du mit Harry und seiner Freundin?« fragte ich. »Bei einem Freund von ihnen. Da habe ich eine Ecke im Zimmer gekriegt, wo ich schlafen kann.«

Zwei Monate später rief Helens Mutter mich an. » Sie hätten verhindern sollen, daß diese zwei Menschen zusammenzogen, anstatt dies zu fördern«, sprach sie böse. »Aber Sie haben natürlich gedacht, so ein nettes Mädchen ist gerade gut für ihn.«

Ich hatte Verständnis für sie und konnte ihr kaum widersprechen. Sie machte sich große Sorgen um ihre Tochter, die krank und vernachlässigt durch die Niederlande zog, ohne daß jemand sie festhalten und zur Aufnahme überreden konnte.

Später erfuhr ich, daß Helen einen Selbstmordversuch unternommen hatte und in jene Anstalt eingewiesen worden war, in der sie auch früher versorgt worden war.

10 Schleifchen und Glöckchen

Drei Monate später zog Raf wieder bei mir ein. Harry hatte sich irgendwo anders ein Zimmer gemietet, und Raf wollte nicht allein bei Harrys Freund bleiben.

Ich nahm an, daß ein regelmäßigeres Leben in einer geheizten Wohnung mit eigenem Zimmer und Dusche ihm gut tun würde. Tatsächlich genoß er anfänglich diesen Luxus. Von Harry hörte er nicht mehr viel. Gelegentlich durften im Jugendklub, den Raf noch regelmäßig besuchte, Leute ein Instrument bespielen. Raf erzählte lächelnd, daß Harry dann mit einer Mundharmonika auf der Bühne erschien und den ganzen Abend nicht mehr herunterzukriegen war.

Wenn ich ihn fragte, wie es Helen gehe, antwortete er nicht und schaute nur nachdenklich vor sich hin.

Eines Tages klingelte das Telefon. Die Stimme am anderen Ende der Leitung klang so leise, daß ich nur den Namen »Raf« verstehen konnte. Ich rief ihn. Es stellte sich heraus, daß Helen am Apparat war. Raf ging, den Hörer am Ohr, nervös hin und her. Er sagte immer wieder ganz aufgeregt: »Tu das nicht! Ich komme. Ich komme! Ich komme zu dir, du sollst dort bleiben. Helen, du sollst bleiben! Ich komme zu dir.«

Als er den Hörer aufgelegt hatte, bekam er einen Weinkrampf. »Helen sprach so wirr und war so traurig«, sagte er. »Ich kann ihr doch nicht helfen in diesem Zustand, oder? Ich kann sie doch nicht bitten, zurückzukommen! Sie will aber zurück, und ich habe solch ein Mitleid mit ihr. Was soll ich bloß tun?«

Ich rief die psychiatrische Anstalt an, in der Helen versorgt wurde, und sprach mit dem Stationspfleger. Er wußte von unserer Beziehung, denn sie hatte oft von Raf erzählt.

»Sie darf noch keinen Besuch empfangen«, sagte er. »Und schon gar nicht von Raf. Helen ist hier schwerkrank eingeliefert worden und braucht noch lange Zeit Ruhe.«

Ich hatte den Eindruck, daß Raf erleichtert war, weil er sie vorläufig nicht besuchen konnte. Dann hörten wir lange Zeit nichts mehr von ihr.

Raf war genauso einsam wie vor der Zeit, da er Helen kennengelernt hatte; erst jetzt wurde er sich langsam bewußt, daß sie ihm fehlte. Auch Harry ließ nichts mehr von sich hören, seitdem er mit seiner Freundin ein eigenes Zimmer bewohnte.

Schon öfter hatte ich bemerkt, daß Raf an Aufnahme in eine Klinik gerade dann dachte, wenn er sich ganz einsam fühlte, und nicht etwa deshalb, weil er auf Genesung hoffte. Er wollte unter Menschen sein, von denen er das Gefühl hatte, sie würden ihn verstehen. Auch jetzt sprach er wieder davon.

»Gestern habe ich einen Jungen in Santpoort besucht«, sagte er, »Abteilung Maasland. Ich habe vor, mich dort auch aufnehmen zu lassen.« Von Freunden hatte er erfahren, wie man dies am besten in die Wege leiten könnte, und er ging zum Gesundheitsamt, um mit dem Psychiater darüber zu sprechen, der ihn schon gut kannte. Dieser war einverstanden und erklärte sich bereit, sich mit Maasland in Verbindung zu setzen.

Die Poliklinik des Gesundheitsamtes war auch ein sozialer Treffpunkt. Wenn Raf sich langweilte, schaute er dort manchmal vorbei in der Hoffnung, ehemaligen Freunden zu begegnen. Morgens gab es dort eine Sondersprechstunde Psychische Hygiene; da konnte man Medikamente abholen oder auch ohne Termin einen Arzt konsultieren.

Nach dem Gespräch über Maasland wartete Raf gelassen auf Antwort und saß fast den ganzen Tag in seiner festen Ecke im Wohnzimmer und starrte vor sich hin.

Nur mit leckerem Essen konnte ich ihm gelegentlich eine Freude machen. Abends wollte er manchmal Schallplatten von Bach oder Mozart hören. Andere Musik konnte er jetzt nicht gut ertragen. Die fand er entweder zu wechselhaft in der Stimmung, was ihn aufregte, oder aber sie machte ihn traurig. Ich war damals schon froh, wenn manchmal ein Lächeln auf seinem Gesicht erschien.

Schließlich kam die Nachricht, daß er aufgenommen werden konnte. Zum ersten Mal war ich damit nicht zufrieden, besonders deshalb, weil Maasland eine vergleichbare Anstalt wie Buiten Oord war. Als Raf dort vor acht Jahren aufgenommen worden war, variierte das Alter der Patientengruppe von fünfzehn bis zweiundzwanzig Jahren. Ich hatte gesehen, was in wenigen Jahren geschehen konnte: wie der schleichende Niedergang nicht zu bremsen war. Ich hatte Angst, daß dies in Maasland, wo die Altersgrenzen ungefähr zwischen zweiundzwanzig und fünfunddreißig Jahren lagen, noch mehr der Fall sein würde.

Mein erster Besuch beruhigte mich in dieser Hinsicht nicht. Maasland war ein Gebäude mit drei Abteilungen. Im Erdgeschoß befand sich die Abteilung für neu aufgenommene Patienten, deren Zustand ernst war. Im ersten Stock wurden Patienten behandelt, deren Zustand sich schon etwas gebessert hatte, und der zweite Stock war für Patienten, die kurz vor der Entlassung standen.

Bei meiner Ankunft wurde die Außentür mit einem Schlüssel geöffnet. Ich wurde in einen schmuddeligen, dunklen Flur hineingelassen, in dem sich Tische, ein paar Stühle und einige Bänke befanden. Die Menschen im Erdgeschoß waren, wie sich zeigte, derart geistesgestört, daß mit ihnen nicht zu reden war. Die Krankenschwester, die mir die Tür aufgemacht hatte, war wohl in großer Eile, denn sie hatte sich gleich mit schnellen Schritten entfernt, ohne auch nur ihren Namen zu nennen. Nach einigen Minuten kam Raf herbeigeschlurft. Ich bemerkte gleich, daß sich sein Zustand während der zwei Wochen, die ich ihn nicht gesehen hatte, verschlechtert hatte. Er kicherte, als er auf mich zukam, sagte nur: »Ich gehe unter die Dusche«, und war dann wieder weg.

An den unmöglichsten Stellen lagen Leute und schliefen. Ein Junge schlug fortwährend mit dem Kopf an die Wand, ohne daß jemand etwas dagegen unternahm. Ein etwa fünfunddreißigjähriger Mann rannte immer wieder durch den Flur als ob er ein Zug wäre. Er zischte wie eine Dampfmaschine, immer lauter. Das dauerte die ganze Stunde, ohne daß jemand ihn beachtete. Ein anderer Junge muhte wie eine Kuh.

Raf kam aus der Dusche und zog sich an. Schweigend setzte er sich neben mich und kicherte manchmal kurz. »Ich gehe unter die Dusche«, war das einzige, was er innerhalb einer halben Stunde wieder zu mir sagte, und er verschwand zum zweiten Mal.

Ich hatte inzwischen mit einigen Anstalten Erfahrungen gemacht, aber so viele schwer Geistesgestörte wie hier hatte ich noch nicht beisammen gesehen. Ich tröstete mich mit dem Gedanken, daß diese Abteilung ausschließlich für kurzfristige Beobachtung vorgesehen war und daß man danach mit der Therapie anfangen würde.

Nach diesem ersten Besuch ging ich wieder zu meinem Psychiater. Ich erzählte ihm, was ich gesehen hatte und daß Raf den ganzen Nachmittag unter der Dusche gestanden hatte.

»Wie ich hörte, werden in dieser Abteilung überhaupt keine Medikamente verabreicht«, sagte der Psychiater. »Und diese Umgebung kann Raf auch nicht zu Aktivitäten herausfordern. Im Gegenteil, ich denke, daß so viele Geistesgestörte, mit denen überhaupt nicht zu reden ist, ihn zusätzlich ängstigen. Sie erzählten, daß Raf sich auch früher oft duschte, wenn er sich nicht wohl fühlte. Aber wahrscheinlich ist jetzt sein Bedürfnis, seine Angst durch Wasch-Zwang abzuwehren, nur noch größer geworden. Es gibt viele Hinweise dafür, daß manche Patienten in dieser Weise versuchen, sich von ihren mit Angst beladenen Schuldgefühlen zu reinigen.«

Bei meinem nächsten Besuch wollte ich dennoch die Leitung der Anstalt kennenlernen, aber wie schon beim ersten Mal war niemand zu finden. Schließlich zeigte sich, daß das gesamte Pflegepersonal in einem Büro saß und sich dort unterhielt.

Raf ging im Flur auf und ab, eine Hand schlaff angehoben, sprach unzusammenhängende Wörter, die ich nicht verstehen konnte, und beachtete mich kaum. Jedesmal, wenn er an mir vorbeikam, sagte er etwas zu mir, als ob er sich dessen bewußt war, daß er mich nicht total ignorieren konnte. Er sagte dann: »Du bist da, nicht wahr?« und ging dann wieder weiter. Das zweite Mal sagte er, mehr zu sich selbst als zu mir: »Das ist sie, sie ist ...« Das signalisierte mir, daß Gedanken ihn beschäftigten, die irgendwie mit mir zu tun hatten. Als er wieder vorbeikam, fragte ich: »Weshalb setzt du dich nicht einen Augenblick zu mir, Raf? Es ist eine lange Reise, um zu dir zu kommen.« Letzteres appellierte an ihn. Er setzte sich neben mich.

Als ich ihn fragte, wo die Patienten wohnten, schaute er mich zunächst glasig an; als ich ihn jedoch nochmals mit Nachdruck fragte, wurde er ein wenig klarer. »Hier, im Flur«, sagte er.

Ich hatte gesehen, daß es unten noch ein paar kleine, unordentliche Zimmer gab, eng, winzig und schmutzig, mit einigen Tischen und Stühlen und ungemachten Betten, auf denen schmutziges Bettzeug lag. Ein Eßzimmer konnte ich nicht entdecken. Das Personal ging dermaßen auf Distanz, daß ich so gut wie nie die Gelegenheit bekam, Fragen zu stellen. Und wenn es mir schon mal gelang, verwies man mich immer wieder an den Psychiater.

Aber in Rafs erstem halben Jahr in Maasland bekam ich nie einen Psychiater zu sprechen.

Schon bald durfte Raf an den Wochenenden nach Hause. Dies verursachte noch mehr Schwierigkeiten, und es gab dann Augenblicke, wo ich in Panik geriet, zum Beispiel als er einmal einem kleinen Tisch plötzlich einen Fußtritt versetzte, so daß dieser gegen den Gasherd flog. Die Scherben der gläsernen Tischplatte spritzten durchs Zimmer, und Raf schaute mit einem triumphierenden Blick zu. Danach fing er laut zu lachen an.

Dann wurde er plötzlich böse und stritt mit jemandem in sich selbst. Ich hatte ihn selten so wütend gesehen. Er sprach von »Hundsgemeinheit«, und »wenn du dich verdammtnochmal traust«.

Ich war machtlos und rief die Anstalt an, um mitzuteilen, daß Rafs Verhalten an den Wochenenden unmöglich auszuhalten war. Aber das Pflegepersonal meinte, wenn er zu Hause wäre, wäre ich selbst verantwortlich, und wenn ich Beschwerden hätte, sollte ich mich mit dem Psychiater in Verbindung setzen.

In all diesen Monaten hatte Rafs Zustand sich nur verschlechtert. Auch in der Klinik änderte sich nichts. Jedesmal, wenn ich hinfuhr, sah ich den Mann, der glaubte, er sei ein Zug, immer noch zischend wie eine Dampflok herumrasen; und der Mann, der glaubte, er sei eine Kuh, muhte immer noch. Am nächsten Wochenende kam Raf nach Hause, mit farbigen Schleifchen am Mantel und Glöckchen um den Hals.

»Hat die Leitung dich so gehen lassen?« fragte ich. Er sagte einfach: »Ja.« Als er seinen Mantel auszog, heftete er sorgfältig alle Schleifchen an seinen Pulli und tat sich die Glöckchen um den Hals. Er hatte kaum noch Kontakt zur Außenwelt. Sein irres Lachen machte ihn mir fremd.

Manchmal blieb er an den Wochenenden weg. Dann besuchte ich ihn trotzdem, obwohl ich mich fragte, ob er etwas davon hatte. Wenn es ihm vorübergehend besser ging, erzählte er, es gebe unter den Patienten häufig Streit, und er wolle am liebsten weg. Ich wußte nicht, was ich darauf erwidern sollte. Es war für mich unvorstellbar, Raf in dieser Verfassung zu Hause zu haben. Er hatte sich für Maasland entschieden, und ich erwartete mit der Zeit doch noch irgendeine Art von Therapie. Aber eine Woche später kam er mit unmöglich viel Gepäck nach Hause. Als ich ihn daraufhin fragte, was er alles bei sich hätte, schaute er mich mit einem derart wütenden Blick an, daß ich es vorzog zu schweigen. Das, was er auspackte, beängstigte mich. Einige Paar Schuhe und Stiefel, mindestens zehn Hosen und Pullis und ungefähr fünfundzwanzig Schallplatten.

»Raf, wem gehört das alles?« fragte ich erstaunt. Aber er schaute mich wieder dermaßen drohend an, daß ich wieder schwieg und die Anstalt anrief.

»Probleme dieser Art müssen die Patienten selbst lösen«, bekam ich von der Leitung zu hören. »Wenn sie Sachen verschenken oder sich wegnehmen lassen, ist das ihre eigene Verantwortung.«

Nachher sagte Raf nur: »Meine Gitarre ist weg.« Da verstand ich schon mehr.

»Ich gehe auch nicht mehr zurück. Ich bin diese Woche fast ermordet worden.« Ich dachte, diese nervöse Reaktion stünde in Zusammenhang mit dem Verschwinden seiner Gitarre und fragte, was genau passiert sei.

»Ich war auf dem Klo und hatte nicht abgeschlossen«, erzählte er. »Plötzlich ging ein Junge auf mich los und fing an, mich zu kratzen und zu beißen, und er wollte mich erwürgen.«

Ich nahm die Geschichte nicht allzu wörtlich und konnte mir nicht vorstellen, daß dies in einer Anstalt möglich wäre. Am Abend, nach dem Essen, wurde Raf ein wenig ruhiger. Er saß in seinem Schlafanzug am Kamin. Die Schlafanzugjacke war aufgeknöpft, und das, was ich sah, erschreckte mich zutiefst. Sein Körper war übersät mit grünen und blauen Flecken.

Ich fragte ihn: »Was hat das zu bedeuten? Zieh' mal deine Jacke aus.«

Die Bisse, von denen er berichtet hatte, waren klar erkennbar, und am Hals hatte er blaue Flecken, die ich vorher nicht bemerkt hatte, weil er ein Halstuch getragen hatte.

Raf zog seine Jacke wieder an und sagte: »Ich hab' dir doch erzählt, daß ich fast erwürgt worden bin.« Er saß resigniert am Kamin. Ich fragte mich, wie das mit seinem Leben weitergehen sollte. Plötzlich spürte ich wieder jene Kraft in mir, die ich auch früher oft gespürt hatte, wenn alles schief zu gehen drohte. Ich sagte: »Raf, wenn du nicht zurück willst, dann bleib' ruhig zu Hause. Wir werden schon eine Lösung finden.«

Er schaute mich an, antwortete nicht, aber an der Art und Weise, wie er sich einen neuen Platz suchte, bemerkte ich, daß ihm eine schwere Last von den Schultern genommen war.

Er blieb zu Hause, aber er wußte nicht, was er mit seiner Zeit anfangen sollte. Er schlenderte einsam durch die Straßen und hatte mit niemandem mehr Kontakt. Nur der Jugendklub in der Innenstadt bot ihm noch einige Möglichkeiten. Manchmal schien es, als ob er dort Tage und Nächte verbrächte. Ich ließ den Dingen ihren Lauf. In meinem Leben war keine klare Linie mehr zu erkennen.

Ein Tag verlief wie der andere. Manchmal hatte ich das Gefühl, er existierte fast nicht, so abwesend, verträumt und still verhielt er sich. Ich fragte ihn mal, was er im Jugendklub gemacht hätte. »Ich weiß es nicht; ich glaube, geschlafen«, antwortete er.

Inzwischen war auch Helen, wie sich zeigte, wieder im Jugendklub erschienen, weggelaufen aus der Anstalt. Sie war furchtbar dick geworden, und ihre Pupillen waren so klein, daß man den Eindruck hatte, mit ihren – früher doch so sprechenden – Augen könnte sie nichts mehr sehen. Zwei lange Rotzsträhnen liefen aus ihrer Nase bis in den Mund. Sie sprach mit schwerer Zunge. Obwohl es Winter war, trug sie keinen Mantel. Ich schenkte ihr eine warme Jacke und versuchte ihr deutlich zu machen, daß sie zurückgehen sollte, aber ich hatte den Eindruck, daß sie mich nicht verstand. Raf bat mich um ein Taschentuch für sie, und die Art und Weise, wie er ihr die Nase putzte, hatte etwas Rührendes.

Ich wußte, daß er sich eine Aufgabe gestellt hatte, die zu schwer für ihn sein würde. Er versuchte möglichst gut für sie zu sorgen. Ich glaube, er sah das als seine Pflicht an, und gleichzeitig war er froh, etwas zu haben, womit er sich beschäftigen konnte.

Helen blieb einige Tage bei Raf. Ich bekam sie überhaupt nicht zu Gesicht. Ich denke, daß sie den ganzen Tag schlief. Aber trotz ihrer geringen Konversationsmöglichkeiten gelang es ihnen doch, den Plan zu schmieden, gemeinsam die Kommune aufzusuchen, in der Helen früher gelebt hatte, zu der sie immer wieder zurück wollte und über die sie früher mit soviel Sympathie gesprochen hatte.

Sie nahmen bei ihrer Abreise mehr als nur das Nötigste mit, da sie die Absicht hatten, längere Zeit dort zu bleiben. Aber schon nach ein paar Tagen kam Raf zurück. Die Kommune hatte ihm nicht erlaubt, dort länger zu bleiben; Helen mache ihnen schon genug Schwierigkeiten.

Ich hatte den Eindruck, daß Raf mit dieser Lösung zufrieden war.

Und dann erzählte er, sie hätten bei ihrer Ankunft in der Kommune entdeckt, daß sie ihr ganzes Gepäck im Zug vergessen hatten. Sie hatten auch nicht mehr nachgefragt, obwohl Wertgegenstände dabei gewesen waren. Raf wollte nicht, daß ich mich in diese Angelegenheit einmischen würde. »Ach, laß nur, es geht nur um Materielles«, sagte er.

Als er eine Woche später Helen wieder anrufen wollte, erfuhr er, daß sie inzwischen wieder in eine Anstalt eingewiesen worden war. Raf dachte jetzt doch wieder dran, sich aufnehmen zu lassen, aber dieses Mal riet ich ihm davon ab.

Solange sich sein Interesse immer nur auf Alternativ-Anstalten richtete, sah ich daraus nur Elend entstehen. Bisher war er immer wieder schlechter herausgekommen als er hineingegangen war.

Ich tat ihm ein bißchen mehr Medikamente ins Essen und versuchte ihn zu aktivieren, indem ich ihn die Küche streichen ließ. Als Gegenleistung würde er das Geld für eine neue Gitarre bekommen. Er hielt dies für eine gute Idee, ging auch gelegentlich an die Arbeit, aber schämte sich wegen seiner Unfähigkeit. Seine Einsamkeit dauerte an. Nach einem Monat hatte er einen Vorschlag. Er wollte wieder nach Israel reisen und dort in einem Kibbuz arbeiten. Die frische Luft würde ihm gut tun, sagte er, und er müßte doch endlich mal einen Anfang damit machen, über seine Zukunft nachzudenken.

Ich war dermaßen entmutigt, daß ich nur noch resigniert abwarten konnte, wie die Dinge sich entwickeln würden. Und außerdem hatte ich auch keine andere Wahl.

Raf besorgte sich selbst seine Reisedokumente. Sein neuer Plan machte ihn wieder etwas lebhafter und aktiver.

Es stellte sich heraus, daß die Vermittlungsstelle, die für die Aufnahme in Kibbuzim verantwortlich war, ihm wegen seiner schlechten psychischen Verfassung keine Erlaubnis erteilt hatte. Man rief mich deswegen an und riet mir davon ab, Raf diese Reise machen zu lassen. Auch der Hausarzt hielt die Reise für bedenklich. Aber Raf fuhr dennoch. Er würde in Israel schon selbst einen Job finden, meinte er.

Einer meiner Bekannten gab ihm noch einen Brief für einen befreundeten Psychiater mit, falls Raf in Schwierigkeiten geraten würde. Ich hatte gemischte Gefühle.

Jetzt, da er sich so durchsetzte, bemerkte ich, daß ich doch wieder anfing, an Wunder zu glauben. Ich hegte ein wenig die Hoffnung, Raf würde sich vielleicht doch einige Zeit in Israel behaupten können. Vielleicht würde er sich ein wenig erholen oder aber, im schlimmsten Fall, in eine Anstalt eingewiesen werden. Vielleicht gab es dort Psychiater, die, im Gegensatz zu denen in unserem eigenen Lande, ihm würden helfen können. Aber als Raf in Jerusalem ankam, war es ihm dort, wie sich später zeigte, zu aufregend und zu heiß. Er konnte all die Eindrücke nicht verarbeiten und geriet in solch eine Verwirrung, daß er die größte Mühe hatte, klarzukommen. Nach wenigen Tagen nahm er das Flugzeug nach Hause.

In der Schweiz mußte er umsteigen und legte sich in der Zwischenzeit auf dem Flughafengelände irgendwo auf den Rasen. Er war arg durcheinander und redete ständig mit sich selbst, wie ich später von den schweizerischen Behörden erfuhr.

Die israelische Stewardeß, die sich auch im Flugzeug um Raf gekümmert hatte, sagte ihm, daß er dort nicht liegen dürfe. Er setzte sich dann auf eine Bank, denn das Flugzeug flog erst eine Stunde später. Polizisten erschienen, die ihn mitnehmen wollten, da sie ihn wohl für einen Rauschgiftsüchtigen hielten. Raf gab ihnen seinen Reisepaß, um zu zeigen, daß alles in Ordnung sei. Er sagte, er könne nicht mitgehen, da er auf sein Flugzeug nach Amsterdam warte. Die Polizisten wollten ihn trotzdem mitnehmen. Als Raf anfing, sich zu widersetzen, wurde er mit Handschellen zur Polizeiwache abgeführt und dort eingesperrt.

Dort zerrte er die ganze Nacht an seinen Handschellen und weinte, zuerst aus Angst vor der Einsamkeit und dann schließlich, weil seine Handgelenke total kaputt waren.

Man ließ ihn schreien und weinen und fand es überflüssig, einen Arzt hinzuzuziehen. Die Polizei wüßte schon selbst, was getan werden müßte. Am nächsten Tag verband man seine Wunden. Er hatte fünfhundert Gulden dabei. Das Geld wurde ihm weggenommen, und er bekam fünfundzwanzig Gulden mit auf den Heimweg. Zu Hause blieb er eine Zeitlang recht deprimiert. Was geschehen war, ging ihm nicht aus dem Kopf. Immer wieder fragte er mich, weshalb man ihn in dieser Weise behandelt hätte. Mein Hausarzt schrieb der niederländischen Botschaft in Zürich einen Brief, in dem er mitteilte, daß Raf nicht verfolgt werden dürfte, da er geistesgestört sei. Wir bekamen einen Brief mit einem offiziellen Strafbefehl zurück. Bei dem Verurteilungsverfahren seien derart viele Kosten entstanden, daß von seinem Geld nur noch zweihundert Gulden übrig wären. Raf könne sie zurückbekommen, wenn er ein Jahr lang nicht mit der Justiz in Berührung käme.

Entrüstet rief ich die Botschaft an und sagte, daß einem jungen Mann, der nicht verurteilt werden darf, von der Polizei keine Bedingungen gestellt werden dürften.

Es wurde jedoch nur oberflächlich dahergeredet, so daß es mir schließlich reichte.

11 Apoll

Eines Tages, als Raf geistig klar war, der Nebel sich bei ihm lichtete und er wieder Interesse für Freunde und Familie zeigte, erzählte ich ihm, daß einer seiner Freunde studiere, ein anderer bald Vater werde und ein dritter schon Arzt sei. Seine Augen füllten sich mit Tränen, und es zeigte sich, daß ein Augenblick von Klarheit einen noch größeren Schmerz bewirkte als sein Dahinvegetieren und Dahindämmern.

Was ich ihm erzählt hatte, hatte ihn dermaßen erschüttert, daß er wieder anfing, glasig zu schauen und schnell hinuntertauchte in seine eigene, mehr Sicherheit gebende Welt, in der die Umrisse verschwommener waren und er nicht so klar zu fühlen brauchte, wie sehr sein Leben gescheitert war. Dennoch gab es auch damals noch Tage, an denen er hoffte, irgendwann wieder alles verwirklichen zu können, was er sich vorgenommen hatte.

Manchmal, wenn wir miteinander sprachen, idealisierte er mich in einer Weise, die mich unangenehm berührte. Ich sei die beste, die interessanteste, schönste und vernünftigste Mutter. Oft hatte ich den Eindruck, daß er mir damit zeigen wollte, in welchem Maße er an mir hing und daß ich ihn nicht im Stich lassen dürfte. Später sollte sich zeigen, wie innig er mit mir verbunden war.

Es gab jedoch auch andere Augenblicke, wo sein Verhalten furchterregende Züge annahm. Einmal klopfte er nachts an meine Schlafzimmertür, die immer abgeschlossen war. »Mutti«, rief er, »wo kann ich einen Messerschleifer kaufen?« »Geh' schlafen«, rief ich zurück. »Es ist mitten in der Nacht. Die Geschäfte machen erst morgen früh auf.«

Ich hoffte, daß er nicht mehr auf das Thema zurückkommen würde. Aber als ich am nächsten Morgen aufstand, war Raf schon draußen gewesen. Er hatte sich nicht nur einen Messerschleifer gekauft, sondern auch ein großes Fleischmesser, das er gerade schärfte. Ich schaute zu, sagte nichts und fragte mich, ob ich nun eigentlich Angst empfand. Aber zu meinem Staunen war das nicht der Fall.

Als wir uns an den Frühstückstisch setzten, hantierte Raf mit seinem großen Messer. Auch am Nachmittag und am Abend hatte er es neben sich liegen. Ich überlegte, was ich tun sollte, und legte es weiter weg. Dann versuchte ich jedes Mal, es noch ein wenig weiter wegzulegen, ohne daß es ihn allzu große Mühe kosten würde, es wieder zu finden. Ab und zu fragte er: »Wo ist mein Messer?«

Das dauerte ein oder zwei Wochen, bis er allmählich anfing, für das Messer immer weniger Interesse zu zeigen und immer seltener danach fragte. Schließlich aß er wieder mit seinem normalen Besteck.

Mein Psychiater meinte, ich hätte gut reagiert, indem ich keine Angst gezeigt hätte. »Schließlich wissen wir nicht, mit welchen Plänen Raf tatsächlich herumlief«, sagte er. »Wahrscheinlich gab es Stimmen, die ihm Aufträge erteilt hatten. Dadurch, daß Sie ruhig gehandelt haben, war er nicht gezwungen, seinen Auftrag sofort zu erledigen und ist vielleicht allmählich wieder in die Realität zurückgekehrt.«

Raf erzählte mir, daß er manchmal in Jugendhotels schlief.

»Weshalb tust du das?« fragte ich. »Das kostet ja Geld, und du hast doch ein Zuhause!« Aber darauf gab er keine Antwort. Ich hatte den Eindruck, daß er immer mehr Angst davor hatte, allein im eigenen Zimmer zu schlafen, daß er es sich aber nicht anmerken lassen wollte. Vielleicht hatte er auch nur das Bedürfnis, bei anderen Menschen zu sein. Er blieb weg, wenn ihm das so paßte, und da ich feststellte, daß er eigentlich immer unversehrt zurückkam, machte ich mir allmählich keine Sorgen mehr, auch dann nicht, wenn ich wochenlang nichts von ihm hörte. Nur wußte ich, daß es in solchen Fällen sehr gut möglich war, daß er vollkommen durcheinander und manchmal wunderlich herausgeputzt nach Hause zurückkam. Als ich jedoch erfuhr, daß er die Nächte im Vondelpark verbrachte, beängstigte mich das, weil dort viele Gewaltdelikte passierten.

Eines Morgens stellte ich fest, daß er sehr aufgeregt war. Er hatte die Wände in seinem Zimmer mit unvollständigen Sätzen vollgeschrieben, in denen ich mit einem kurzen Blick manche Wörter wiedererkennen konnte: »Eine andere Welt ... in der Sonne ... tot ... überall ... ist wohl.« Das ging folgendermaßen weiter: »Ist nicht ... ist es nicht ... ist es doch? ... oder nicht? ... oder ganz? ... es ist wohl ... es ist ... ist es? ... es ist nicht ... oder ist es? ... oder nicht? ...« Das Zimmer war in großer Unordnung, und an Raf spürte ich, daß er geweint hatte. Schließlich entdeckte ich im Durcheinander seine neue Gitarre. Er hatte sie zertreten.

»Weshalb hast du das getan?« fragte ich. Er fing wieder an zu weinen und erwiderte, er wisse es nicht. »Heute morgen lag sie kaputt am Boden«, sagte er. Er erzählte mir dann, daß er immer laute Stimmen höre, die ihm Angst machten. Es geschahen auch immer häufiger Dinge, an die er sich nachher nicht mehr erinnern konnte.

Eines Tages erfuhr ich plötzlich, daß Raf seine Aufnahme in Eden Oord (eine weitere Abteilung der Klinik in Santpoort) beantragt hatte und eine Woche später hinfahren würde. Ich wunderte mich nicht mehr darüber; ich hatte nur Angst vor den Schwierigkeiten, die es wieder geben würde.

Inzwischen näherten sich die dunklen Tage vor Weihnachten: für Raf eine schwierige Zeit, wo er in aller Regel depressiv wurde. Am Silvesterabend kam er für zwei Tage nach Hause. Er sah ruhig aus. Auf seinem Gesicht war ein entspanntes Lächeln. Er setzte sich und wartete, bis auch ich saß.

»Es ist etwas Wunderliches geschehen«, sagte er dann. »Ich bin dir in einer anderen Gestalt begegnet.«

Ich fragte ihn, ob er darüber etwas erzählen könne, und er fing an, mit großer Konzentration zu reden. »Ich wanderte mit dir am Strand entlang«, sagte er. »Das Wetter war schön. Du auch. Wir machten einen weiten Spaziergang. Es wurde still und ein wenig dunkel. Du bliebst stehen und batest mich, dich innig zu küssen. Als ich das tat, schlüpfte ich allmählich vollkommen in deinen Bauch hinein. Da waren noch zwei Mädchen, Hulufu und Dilifi. Wir wurden wieder geboren. Du sagtest uns, wir kämen aus einer anderen Welt, einer Welt von ganz früher, und es würde für uns schwierig sein, hier in dieser Welt zu leben. Wir kämen von Apoll her, sagtest du. Wir bekamen von dir den Auftrag, es hier zu versuchen. Ich mußte dich wieder küssen, und als ich dich danach anschaute, warst du zu Sand geworden. Du warst eine Sandsäule. Du warst genau wie die Frau Lots. Plötzlich wurden wir von Jonas Walfisch verschlungen. Jetzt sind wir, glücklich zu dritt, wieder in dieser Zeit. Die Mädchen Hulufu und Dilifi sind im Apollo Hotel. Ich kann sie am Silvesterabend nicht allein lassen, ich nehme mir dort auch ein Zimmer. Das Leben hier ist so anders für sie, deshalb muß ich ihnen helfen. Es sind keine resoluten Mädchen. Sie sind sanftmütig.«

Er hatte die Geschichte locker erzählt, schaute auf seine Uhr, zog seine Stiefel und seinen Mantel an und ging. Beim Abschied sagte er noch: »Ich schaue noch kurz bei euch vorbei, gegen zwölf, um Prosit Neujahr zu wünschen.«

Nach einiger Zeit rief ich das Apollo Hotel an, und es zeigte sich, daß Raf dort tatsächlich angekommen war. Beim Empfang hatte man sich zwar gewundert, hatte aber keinen Grund gesehen, ihn nicht zuzulassen. Er hatte vorausbezahlt.

An jenem Silvesterabend waren wir mit der ganzen Familie bei Freunden eingeladen. Einige Minuten vor Mitternacht klingelte Raf wirklich. Wir standen schon mit erhobenem Sektglas da. Er kam herein, den Birnenschlüssel des Apollo Hotels noch in der Hand. »Ich kann nur kurz bleiben«, sagte er. »Ich habe versprochen, gleich wiederzukommen. Die Mädchen fühlen sich hier unbehaglich, wenn sie allein sind.«

Er blieb ein Viertelstündchen und ging weg, nachdem er uns allen alles Gute gewünscht hatte.

Am nächsten Morgen kam er wieder nach Hause. Ich bemerkte, daß seine Stimmung deutlich umgeschlagen war. Er sah jetzt verstört aus und blickte unruhig um sich; ich sah, daß er etwas suchte. Nachher zeigte sich, daß es sich um zwei kleine Puppen handelte, aus Wolle gehäkelt, jede ein wenig größer als eine Hand. Ich hatte die kleinen Puppen früher für die Kinder gehäkelt. Für Sabina ein schwarzes Mädchen mit einem Haarknoten und für Raf ein blondes Mädchen mit losem Haar. Sie hatten immer als Maskottchen in ihren Zimmern an der Wand gehangen. Als Raf wieder ins Wohnzimmer kam, hatte er einen dicken Knoten unter seinem Hemd. Ich fragte ihn, was das sei. Er schaute verärgert und sagte: »Ach, nichts.«

Da er sein Hemd nicht ganz geschlossen hatte, sah ich später, daß die zwei gehäkelten kleinen Puppen an einer Kordel auf seinem Bauch hingen, von seinem Hosenriemen zurückgehalten. Er hat die Püppchen dann jahrelang mit sich herumgetragen. Sie bedeuteten ihm offenbar viel, denn selbst in seiner schwierigsten Zeit hat er sie nicht vergessen.

Noch am gleichen Tag kehrte er nach Eden Oord zurück, traurig und einsam, die Maskottchen unter dem Hemd auf seinem Bauch.

Mein Psychiater sprach ausführlich mit mir über Rafs Erzählung. Er hielt sie für ein Paradebeispiel eines halluzinatorischen Zustandes. »Es ist merkwürdig, daß Raf, der immer so reserviert war, jetzt zum ersten Mal seine Gefühle offenbarte. Er befand sich während der ganzen Geschichte in einer glückseligen Traumwelt. Können Sie mir sagen, wo er diese Phantasienamen her hat?« fragte er.

»Als die Kinder noch klein waren, lehrte ich sie eine Geheimsprache«, erzählte ich. »Jede Silbe wurde um lufu, lafa, lofo, lefe und lifi verlängert. Folglich wurde Papa, zu Palafapalafa, Mutter wurde Mutlufutelefer und das Wort »Hiate« etwa wurde zu Hilifialafatelefe. Meine Kinder beherrschten diese Sprache schon bald mit großer Gewandtheit und sprachen sie oft. »Hulufu« muß in diesem Fall »Helen« bedeuten, wenn es auch nicht mehr ganz mit unserer Geheimsprache übereinstimmt. Aber es scheint mir auch schwierig für Raf, sie noch fehlerfrei zu kennen. Was Dilifi bedeutet, weiß ich nicht.«

»Das, was Raf in seinem Traum erzählt, ist natürlich auch für Sie klar. In seiner Vision hatte er Geschlechtsverkehr mit Ihnen. Er bekam daraus zwei Kinder. Eines von ihnen ist demnach seine Freundin. Dilifi ist, wie ich meine, Delphi, die griechische Orakelstätte, an der der Gott Apoll verehrt wurde. Raf hat, wie Sie erzählten, ein humanistisches Gymnasium besucht. Er wußte, was »Delphi« bedeutet, nämlich »Mutterschoß«. Es ist auch kein Zufall, daß er sich das Apollo Hotel ausgesucht hat, um dort mit den zwei Töchtern, die er bei seiner Mutter, also bei Ihnen, gezeugt hatte, die Nacht zu verbringen. Apoll ist auch der Gott der Musik und der Dichtkunst. Raf hatte in seinem Traum viel Respekt vor Ihnen. Sie waren es, die ihn davor warnte, daß es für sie drei in dieser Welt schwer sein würde. Sie verstanden ihn also. Was er mit Apoll außerdem noch meint, ist nicht ganz klar, darüber könnte nur Raf selbst Auskunft geben. Vielleicht hat es auch etwas mit seiner gesunden Zeit zu tun, als er noch im Gymnasium war. Als er Sie zum zweiten Mal küßte, erstarrten Sie zu einer Sandsäule. Dies bezieht sich deutlich auf die biblische Geschichte von der Frau Lots, die zur Salzsäule erstarrte, als sie sich umdrehte zu den Städten Sodom und Gomorrha, die wegen Homosexualität im Schwefelfeuer untergehen mußten. Raf machte daraus eine Sandsäule, was der steinernen Gestalt am Ufer des Toten Meeres entspricht, die einer Frau ähnlich sieht und »Lots Frau« genannt wird. Es ist bekannt, daß Lot selber von seinen Töchtern verführt wurde, damit sein Geschlecht nicht ausstürbe. Das Inzestmotiv ist auch hier wieder deutlich im Spiel.

Die Strafe dafür folgte unmittelbar. Raf und die Töchter, die er bei seiner Mutter zeugte und von denen auf jeden Fall Hulufu auch seine Freundin ist, werden von Jonas Wal verschlungen. In der Bibel bekommt Jona diese Strafe, weil er sich gegen Gottes Befehle aufgelehnt hat. Deutlich spielt hier das Schuldgefühl mit, das Raf wegen seiner erotischen Wünsche Ihnen gegenüber hat. Raf kann die zwei Mädchen nicht allein im Apollo Hotel lassen und geht zu ihnen zurück. Frappierend ist, daß er erzählt, wie sanftmütig sie seien: Er hat sich auch selbst immer darum bemüht, seine Sanftmut siegen zu lassen.

Dies erklärt auch sein Glückseligkeitsgefühl. Durch die zwei Mädchen, die er selbst in die Welt gesetzt hat, kann er sich von seiner Angst und Aggressivität befreien. Er schlief in jener Nacht zusammen mit seiner eigenen, nicht wirklich bestehenden, aus Inzest hervorgegangenen Tochter und mit seiner Freundin. Am nächsten Tag kehrt er zurück. Er trägt die zwei Püppchen, die natürlich die zwei Mädchen symbolisieren, unter dem Hemd auf dem Bauch. Vielleicht bedeutet dies, daß Raf sich mit der Muttergestalt identifizierte. Darin könnte das Bedürfnis, selbst zu gebären, zum Ausdruck kommen. Das gibt es bei Schizophrenen oft. Sie spalten häufig die weibliche und die männliche Seite ihrer Persönlichkeit.«

Als ich Raf, gemeinsam mit Hans, eine Woche später besuchte, lief er an uns vorbei. Er schaute uns dabei an, so als hätte er uns schon mal gesehen. Wir warteten einen Augenblick, aber dann wurde uns deutlich, daß er überhaupt keinen Kontakt suchte. Deshalb entschlossen wir uns, wegzugehen und nachher mit dem Psychiater vom Dienst Verbindung aufzunehmen, einer jungen Frau, die bei unserem nächsten Besuch mit uns sprechen wollte. Sie arbeitete als Praktikantin in Eden Oord und hatte Raf erst einige Male gesehen. Sie konnte uns nichts über ihn berichten.

Raf selber erkannte uns jetzt allerdings wieder, kam einen Augenblick zu uns, murmelte einige unverständliche Wörter, machte mit der Hand eine ablehnende Geste, als ob es ihm reichte und verschwand wieder.

Dann hörten wir eine Zeitlang nichts mehr von ihm. Wir entschlossen uns, ihn nicht zu besuchen, solange er noch in diesem psychotischen Zustand war. Als ich die Klinik anrief und fragte, wie es ihm ginge, spürte ich am anderen Ende der Leitung eine deutliche Abneigung dagegen, mir Auskunft zu geben.

Einen Monat später wurde ich aber von einem Sozialarbeiter angerufen. Er wollte gerne eine Gegenüberstellung von Raf und mir, und er teilte dies mit heiterer Stimme mit, als ob etwas Lustiges stattfinden würde. Er empfing mich in einem schönen, sonnigen Zimmer. Raf war schon da.

»Wie findest du es, daß deine Mutter da ist?« fragte der Sozialarbeiter ihn. Raf fing an, homerisch zu lachen. »Weshalb mußt du so lachen, Raf?« fragte der Sozialarbeiter. »Sie sind ein blonder Witzbold«, erwiderte Raf. Dermaßen widerspenstig hatte ich ihn noch nie erlebt. »Ist das der Grund, weshalb du so lachen mußt?« fragte der Sozialarbeiter mit ernster Miene. Als Antwort fing Raf an, noch lauter zu lachen.

Früher schon, lange vor dem Ausbruch seiner Krankheit, hatte er die Gabe gehabt, Menschen zu durchschauen. Auch jetzt dürfte er wohl das Gefühl gehabt haben, daß die Wichtigtuerei dieses Sozialarbeiters zu nichts führte.

»Ihr Sohn ist guter Laune«, sprach der Sozialarbeiter munter. »Das sehe ich«, antwortete ich. Dann wandte er sich wieder an Raf und fragte: »Willst du nicht mit deiner Mutter reden?« Raf nahm sein Halstuch, auf dem farbige kleine Bälle abgedruckt waren, vom Hals und sagte: »Piff, Mutti! Paß auf, piff! Alle Ballons auf diesem Schal rufen: ›piff!‹ Bück dich, da kommt noch einer, paß auf! Piff! Piff! Piff! Es tut weh, bück dich!« Mir war zwar klar, daß Raf sich mir gegenüber aggressiv verhielt, aber mir war noch klarer, daß er das Ganze für Theater hielt und dies auf seine Weise äußerte.

»Raf hat offenbar etwas gegen Sie«, bemerkte der Sozialarbeiter. »Wenn ein Kind so krank ist wie Raf, ist es wohl unvermeidlich, daß er das Gefühl bekommt, ich hätte ihn im Laufe der Jahre im Stich gelassen. Ich bin zwar seine Mutter, aber doch auch nur ein gewöhnlicher Mensch. Ich vermute, daß ich nicht den Vorstellungen entsprechen konnte, die er sich bei seinen Halluzinationen von mir gemacht haben dürfte. Meinen Sie das etwa?«

Er gab darauf aber keine Antwort und wandte sich wieder an Raf. »Weshalb willst du nicht mit deiner Mutter reden?« Raf lachte immer noch und wiederholte: »Piff! Piff! Piff! Schöner Schal, oder?«

Jetzt fing ich an, mich über diese lächerliche Situation zu ärgern. »Bitte hören Sie mir einen Augenblick zu«, sagte ich zum Sozialarbeiter. »Raf ist jetzt fast elf Jahre lang krank. Er hat sich in dieser Zeit in den unmöglichsten Zuständen befunden. Ich wundere mich über nichts mehr. Jetzt will ich aber wissen, weshalb Sie mich haben kommen lassen. Ich verstehe, daß dies Ihr Beruf ist und daß Sie Ihre Zeit irgendwie füllen müssen. Sie verdienen ja an dieser sinnlosen Stunde. Ich hoffe, daß Sie wissen, daß Sie sich mit Unsinn beschäftigen. Aber ich mache nicht mehr mit. Dafür habe ich allmählich doch zu viel Erfahrung mit Rafs Krankheit. Das, was Sie Ihrer Meinung nach herausgefunden haben, unter anderem, daß Raf mir gegenüber aggressive Gefühle hat, ist für mich selbstverständlich. Es gibt so viele junge Leute, die sich ihren Eltern gegenüber aggressiv verhalten, ohne daß sie deshalb gleich geistesgestört wären. Wenn Sie Raf eine Woche lang Medikamente geben, so daß er wieder ansprechbar wird, können Sie mich wieder anrufen.« Ich grüßte und ging weg.

Ich hatte das Gefühl, man erwartete von mir, daß ich mich wieder an jedem beliebigen Experiment der Therapeuten beteiligte. Aber ich hatte genug von all diesen Experimenten. Ich hatte damit schon so viele Erfahrungen gemacht, daß ich nicht mehr daran glauben konnte.

Ebenso unerwartet wie Raf sich hatte aufnehmen lassen, kam er mit seinem ganzen Gepäck auch wieder heim. Alles in allem war er vier Monate in Eden Oord gewesen. Er gab mir keine Erläuterung, aber lachte immer noch viel vor sich hin. In diesem Zustand konnte man nicht mit ihm reden. Deshalb wartete ich einfach ab, was geschehen würde. Aber das Zusammenwohnen mit Raf konnte ich jetzt nicht länger ertragen. Ich konnte mich nicht damit abfinden, daß ich in meinem eigenen Haus kein eigenes Leben führen konnte und daß es einfach so weitergehen sollte, ohne jegliche Hoffnung.

12 Autismus

In jenem Winter lag Raf tagelang vor dem Kamin, ohne Kontakt, zu wem auch immer. Beim Rauchen schlief er immer wieder ein, und der Teppich hatte dadurch große Löcher. Wenn ich mit meinem Psychiater darüber sprach, sagte der, er könne mir auch nicht helfen.

Es war schon lange her, daß ich Gäste eingeladen hatte. Ich traute mich nicht mehr. Rafs Verhalten berührte sie immer wieder peinlich. Ich spürte jedoch auch, daß mein Bedürfnis, mit anderen Menschen über Rafs Verhalten zu reden, immer größer wurde. Denn dadurch, daß ich Rücksicht auf die Gefühle von anderen nahm, drohte ich selbst immer einsamer zu werden.

Die größte Dosis an Medikamenten, die ich Raf jetzt zu geben wagte, war ausreichend, seine gefährlichsten Äußerungen zu unterdrücken. Sein Psychiater sagte, die Medikamente, die er in Zukunft benötigte, müßten in einer Klinik ausgewählt und dosiert werden.

Schon seit einiger Zeit blieb ich möglichst lange im Geschäft. Wenn ich nach Hause kam, schlief Raf, oder er war weg. Ich hatte schon öfter daran gedacht, daß ich, wenn ihm je etwas zustoßen würde, dies erst ganz spät erfahren würde. Meistens blieb er nur kurz weg, aber es kam auch vor, daß er tage-, sogar wochenlang nicht nach Hause kam. Deshalb steckte ich regelmäßig Zettel in seine Taschen, auf denen ich unsere Adresse notiert hatte. Jetzt vergaß er auch häufig, den Hausschlüssel mitzunehmen. Inzwischen hatte ich es mir zur Gewohnheit gemacht, mit Oropax zu schlafen, damit ich nicht ständig mit seiner nächtlichen Ruhelosigkeit konfrontiert würde. Dadurch konnte ich aber die Türklingel nicht hören, wenn er mitten in der Nacht nach Hause kam. Manchmal warf er Steinchen an die Fensterscheibe, weil ich dadurch doch aufwachte. Es war jedoch schon einige Male vorgekommen, daß er zu wenig Kraft hatte, um diese Steinchen zu werfen, und daß er im Treppenhaus eingeschlafen war. Das war sogar zweimal im Winter passiert. Ich hatte dann einen großen Schlüssel aus rotem Papier geschnitten und diesen im Flur an die Mauer geklebt, damit er beim Verlassen unserer Wohnung gleich daran denken würde. Auch das hatte nichts genutzt.

Eines Morgens, nachdem Raf schon tagelang irgendwo herumgewandert war, rief Hans aus Den Haag an. Raf hätte mitten in der Nacht bei ihm geklingelt und, als ihm nicht schnell genug aufgemacht worden war, einen Stein durch die Fensterscheibe geworfen.

Hans hatte nichts gehört, da sein Schlafzimmer sich an der Rückseite im Obergeschoß befand. Neue Nachbarn jedoch, die Raf nicht kannten und meinten, daß es sich um einen Einbrecher handelte, hatten die Polizei benachrichtigt.

Ein anderes Mal hatte Raf, als er in Den Haag war, seinen Vater mitten in der Nacht angerufen und ihn gefragt, ob er kommen könnte, um ihn abzuholen.

»Was fällt dir ein?« hatte Hans erwidert. »Es ist mitten in der Nacht, du weckst mich aus meinem Schlaf.«

»Vor zweitausend Jahren hast du mich auch schon mal im Stich gelassen«, hatte Raf damals erwidert.

Er hörte nicht damit auf, sich mit der Gestalt Christi zu identifizieren, der sich ja auch am Kreuz die Frage gestellt hatte, ob Gott ihn im Stich gelassen hatte. Bei Raf hatte ich den Eindruck, daß er sich, was sein Verhältnis zu seinem Vater betraf, mit Christus verglich. Das machte Hans arg zu schaffen.

Hans verstand, wie aussichtslos die Lage für mich war, und er versuchte manchmal, mir zu helfen, indem er Raf, wenn möglich, eine Zeitlang bei sich in Den Haag behielt. Doch das ging nicht ohne Schwierigkeiten, da er ja zu Hause auch noch zwei heranwachsende Kinder hatte.

Mein Schuldgefühl Raf gegenüber und mein Mitleid mit ihm wurden in dem Maße größer, wie mir bewußt wurde, daß ich mich von ihm lösen wollte. Ich überlegte mir, daß Raf doch lernen müßte, eines Tages selbständig zu wohnen, wenn sich keine andere Lösung ergab. Dieser Gedanke beschäftigte mich jetzt immer mehr.

Raf würde niemals dazu fähig sein, selbst eine Wohnung zu finden, und kein Hausbesitzer würde ihn als Mieter akzeptieren. Aber ich erfuhr, daß es beim Sozialamt eine Abteilung für sozial schwache Wohnungssuchende gab.

»Was würdest du von einer eigenen Wohnung halten?« fragte ich Raf.

Er reagierte nicht, was ich schon erwartet hatte. Er schaute mich bloß mit großen, angstvollen Augen an und verließ dann das Zimmer. Ich verstand, daß er Angst davor hatte, allein zu wohnen, und verzichtete einstweilen auf den Plan. Doch durch die Umstände bedingt, wurde der Plan wieder aktuell.

An einem Nachmittag, als wir gerade beim Essen waren, konnte ich Raf nur schwer aus einem Selbstgespräch herausholen. Er bewegte bloß den Mund und war nicht zu verstehen. Ich hatte ihn schon zweimal angesprochen, aber er sagte immer nur »Sst« und winkte mit der Hand, zum Zeichen, daß ich ihn nicht stören sollte. Nach einiger Zeit versuchte ich es von neuem. Er hob langsam den Kopf und schaute mich auf merkwürdige Weise an. Es lag etwas Finsteres in seinem Blick. Er machte den Eindruck, als träumte er mit offenen Augen.

Er legte seine Hände flach auf den Tisch, stand langsam auf und schubste mich plötzlich dermaßen kräftig, daß ich gegen die Ecke der Anrichte geschleudert wurde. So etwas war noch nie passiert. Ich war darauf nicht vorbereitet und schrie laut auf. Vermutlich wurde er dadurch ermutigt. Er fing an, mich zu schlagen, und schleuderte mich immer wieder, wenn ich einen Schritt zu machen versuchte, gegen die Anrichte. Durch meine Schmerzen hindurch fühlte ich, daß etwas geschehen mußte, um ihn dazu zu bringen, aufzuhören. Meine Wut fing an, meine Furcht zu besiegen. Und plötzlich schrie ich ganz laut: »Bist du, verdammt noch mal, wahnsinnig geworden! Jetzt hör aber auf! Kapiert!«

Diese Reaktion brachte ihn kurz zur Besinnung. Er hörte auf und war ganz verwirrt. Dadurch gelang es mir, wegzulaufen. Meine Nachbarin, die den Lärm gehört hatte, stand im Treppenhaus. Ich rannte in ihre Wohnung und bat sie, die Türe abzuschließen. Ich hatte heftige Schmerzen im Rücken, und es waren Blutergüsse zu sehen. Mir war jetzt ganz klar, daß ich mich nunmehr, da seine Krankheit diese Wendung genommen hatte, in Rafs Nähe nicht mehr sicher fühlen würde.

Bevor ich jedoch weiter überlegen konnte, klopfte er an die Tür. »Bitte hör mir zu«, rief er mit flehender Stimme. »Mutti, bitte, glaub' mir. Du warst das nicht. Ich hab' dich nicht geschlagen. Du warst das wirklich nicht«, rief er durch die geschlossene Tür. Ich machte auf. »Ich würde dich doch nie schlagen«, fuhr er fort. »Du weißt doch, daß ich das nie tun würde?« Er sah so traurig aus, daß ich gleich wieder mit ihm nach oben ging. Er weinte jetzt. Ich glaubte ihm, und ich sah, daß jetzt auch ihm bewußt geworden war, daß er zu Taten fähig war, die er gegen seinen Willen ausführen mußte.

»Es ist klar, daß jetzt etwas geschehen muß, wenn wir Schlimmeres verhüten wollen«, sagte mein Psychiater. »Raf weiß mit seiner Aggressivität Ihnen gegenüber weder aus noch ein. Er leidet unter seinen Schuldgefühlen. Er ist von Ihnen abhängig und möchte lieb zu Ihnen sein, fühlt sich aber andererseits von Ihnen im Stich gelassen. Es muß für ihn eine große Enttäuschung gewesen sein, daß Sie ihn nicht mehr bei sich behalten wollten und daß Sie versuchten, eine andere Wohnung für ihn zu finden. Sein Gewissen sagt ihm, daß er nett zu Ihnen sein muß, aber seine Rachsucht, die sich als Aggressivität äußert, zwingt ihn zum Gegenteil.«

Ich besprach die Situation mit einem Familienmitglied, das sich im sozialen Wohnungsbau auskennt. Ich bezweifelte zwar, ob Raf es jemals wagen würde, selbständig zu wohnen. Dennoch war ich davon überzeugt, daß es keine andere Möglichkeit gab, als es zu versuchen. Ich setzte mich mit den zuständigen Behörden in Verbindung, und man bat mich, einen Brief über die Dringlichkeit von Rafs Fall zu schreiben. Die Antwort kam postwendend. Offensichtlich war man der Meinung, daß diese Sache mit Vorrang behandelt werden mußte.

Keine drei Monate später wurde Raf zu einem Gespräch eingeladen. Aber er war damals zu krank und zu verwirrt, um selbst gehen zu können. Aus diesem Grund fuhr ich hin und bat darum, die Sache ein wenig aufzuschieben. Das geschah in der Tat, aber man konnte die Wohnung, die für Raf bestimmt gewesen war, nicht für ihn reservieren. Man versprach mir aber, bald mit einem neuen Angebot zu kommen.

Ich versuchte jetzt auf alle mir möglichen Arten, Raf zu helfen. Ich kaufte Teller und Tassen für seine neue Wohnung, aber es war zwecklos. Erst als ich sagte, es wäre doch sehr schön für ihn, wenn sein Freund Eddy nach der Entlassung aus der Anstalt bei ihm wohnen könnte, zeigte Raf ein wenig mehr Interesse an dem Unternehmen. Obwohl er nur noch selten etwas von Eddy hörte, glaubte er fest an dessen Rückkehr in die Gesellschaft. Mir schien, daß er diese Zuversicht brauchte, um sich selbst behaupten zu können.

Von Eddys Mutter, die ich gelegentlich anrief, erfuhr ich, daß sie mit Eddy nichts anfangen konnten. Er machte ihr und seinem Vater das Leben unerträglich, lief immer wieder aus der Anstalt weg, verprügelte seine Mutter, brachte die Wohnung durcheinander und zerschlug die Möbel. Aber was auch immer seine Eltern unternahmen, es gelang ihnen nicht, eine Ermächtigung für eine Zwangseinweisung zu bekommen. Eddys Krankheit wurde immer schlimmer. Aber bei jedem Kontakt mit dem Gesundheitsamt hörten seine Eltern das gleiche: »Der Patient muß entweder sich selbst oder aber anderen lebensgefährliche Verletzungen zugefügt haben. Andernfalls ist es für das Gesundheitsamt nicht möglich, eine Zwangseinweisung zu beantragen oder aber zu intervenieren.«

Als Raf sich wieder einigermaßen erholt hatte, rief er selbst die Abteilung für Wohnungssuchende im Sozialamt an. Er stotterte während des Gesprächs. Das tat er neuerdings, besonders, wenn er ein bißchen weniger verwirrt war als gewöhnlich. Ich hatte den Eindruck, daß er in seinen klaren Augenblicken seine Ohnmacht fühlte in Angelegenheiten, die ihm früher keine Schwierigkeiten gemacht hatten. Er setzte das Gespräch fort, ließ sich nicht dadurch entmutigen, daß er seine Sätze nur mit Mühe zu Ende bringen konnte, und sprach ganz sachlich. Er vereinbarte einen Termin mit der Sozialhelferin, die ihm beim Mieten seiner Wohnung helfen würde. Als sie für ein Gespräch mit ihm zu uns kam, zeigte sich, daß Raf und sie sich gut verstanden.

Es war jetzt wieder eine Wohnung frei, für die er in Betracht kam, gleich bei mir in der Nähe, da das Sozialamt es für besser hielt, wenn Raf sich nicht allzu einsam fühlte und mich ohne Schwierigkeiten besuchen konnte. Der Hausbesitzer war bereit, Raf als Mieter zu akzeptieren, wenn das Sozialamt für die Miete bürgen würde; es wurde vereinbart, daß die Miete direkt vom Amt an den Hausbesitzer überwiesen und Rafs Sozialhilfe um diesen Betrag gekürzt würde.

Hans und ich richteten die Wohnung für Raf ein. Er selbst schob den Einzug von Tag zu Tag hinaus, bis er schließlich ganz traurig sagte, dann werde er es halt versuchen.

Die Wohnung hatte zwei größere Zimmer und ein kleines dazwischen. In jedem Raum stellten wir ein Bett auf, da wir wußten, daß Raf oft Gäste mitnehmen würde. Als einzigen Wertgegenstand hatte er einen Verstärker mitgenommen, den er erst vor kurzem gekauft hatte und an dem sich allerhand Neuheiten befanden.

Weil es ihm schwerfiel, nachts allein zu bleiben, lud er schon bald einen Jungen aus dem Jugendklub ein, bei ihm zu schlafen. Am nächsten Morgen frühstückten sie gemeinsam. Erst duschte der Junge, danach Raf. Als Raf vom Duschen kam, war der Junge verschwunden und mit ihm der Verstärker.

Ich hatte Raf schon so oft gewarnt, daß man nicht jedermann vertrauen dürfte; aber er hatte dann bloß den Kopf geschüttelt und gesagt: »Es ist nicht nett, nur schlecht von den Menschen zu denken.«

Trotz dieser Erfahrung hörte er nicht auf, an Menschen zu glauben. Manchmal schien es, als ob er diesen Glauben brauchte, um in seiner traurigen Existenz nicht völlig allein zu sein. Aber dadurch wurde er auch immer wieder ausgenutzt.

Noch bevor eine Woche vergangen war, war Raf wieder zu Hause.

»Ich kann dort nicht bleiben«, sagte er. »Mein Nachbar ist ein Mörder. Ich habe auf der Treppe Blutspuren gesehen.« Ich wußte, daß auf den ersten drei Stufen der Treppe ein paar kleine, rote Farbflecken waren. Ich erinnere mich auch noch, daß ich damals gedacht hatte: »Wenn das Raf bloß nicht beunruhigt!«

Ich versuchte, seine Rückkehr möglichst gelassen hinzunehmen. Es war inzwischen Frühling geworden, und ich hoffte, Raf würde sich, wenn die Tage länger würden, ein wenig mehr an seine eigene Wohnung gewöhnen.

Sein Psychiater gab mir neue Medikamente, die zwar zu denen paßten, die Raf schon einnahm, aber in denen nun auch Wirkstoffe enthalten waren, die seinen Autismus positiv beeinflussen sollten. Raf reagierte zunächst gut darauf, aber mit der Zeit wuchs sein Mißtrauen, und nach zwei Wochen wurde er ängstlich.

Ich bekam vom Psychiater den Rat, vorsichtig zu sein. »Sie müssen verstehen«, sagte er, »daß Medikamente im Körper vieles bewirken. Es können in der Tat große Ängst entstehen, wenn der Patient nicht weiß, aus welchem Grund er sich anders fühlt.«

Jetzt schlich Raf wieder leise hinter mir her, wenn ich in der Küche beschäftigt war, genau wie früher, um zu sehen, was ich mit dem Essen machte. Ich sah, wie sein Verhalten sich allmählich wieder veränderte. Wieder ging er nächtelang nicht ins Bett, spielte Gitarre und sang dazu dermaßen laut, daß ich nicht schlafen konnte. Ich verringerte jetzt die Dosis. Dennoch blieb Rafs Verhalten paranoid. Er aß jetzt auch öfters außer Haus. Wenn er manchmal zu Hause aß, betrachtete er prüfend seinen Teller und kostete ganz vorsichtig vom Essen.

Es war wohl so, daß eine neue Wahnidee ihn in den Griff bekommen hatte. Während einer unserer Mahlzeiten sagte er plötzlich: »Bei einem Jungen, den ich kenne, hat man sein Essen vergiftet.« Danach aß er jeden Abend in einem Gemeinschaftszentrum und bezahlte für das Essen, indem er anschließend Geschirr spülte.

Gelegentlich schlief er auch wieder in seiner eigenen Wohnung, aber es kostete ihn immer Überwindung. Ich denke, daß er es nur deshalb tat, weil er Miete zahlte und der Meinung war, dann sollte er auch etwas mit der Wohnung anfangen.

Ich hatte mir fest vorgenommen, auf jeden Fall Urlaub zu machen und wegzufahren, und ich hatte mir auch vorgenommen, ein neues Schloß in die Tür einbauen zu lassen, um zu verhindern, daß ich, wie alle vorhergegangenen Jahre, bei meiner Heimkehr jene große Unordnung antreffen würde, die durch eine Invasion von

Rafs Freunden verursacht zu werden pflegte. Er selbst würde sich schließlich dadurch auch an seine eigene Wohnung gewöhnen müssen. Aber das war ein Rechenfehler, wie sich herausstellen sollte. Als Hans mich bei meiner Heimkehr vom Flughafen abholte, sah ich gleich, daß irgendetwas nicht in Ordnung war.

»Was ist mit Raf passiert?« fragte ich ängstlich. »Oh, nichts«, war die Antwort. »Aber was ist denn los?«

Hans gab dem Gespräch eine andere Wendung, und es gelang mir nicht, Näheres zu erfahren. In der Nähe meiner Wohnung saß Raf auf der Treppe der Stadtbibliothek. Er sah traurig, verwirrt und vernachlässigt aus. Ich fühlte Stiche in der Herzgegend und hatte sofort meine Ferien vergessen.

Das Schuldgefühl und die Aussichtslosigkeit der Lage drängten sich mir wieder in unverminderter Heftigkeit auf. Hans erzählte mir jetzt, daß Raf während meiner Abwesenheit sehr durcheinander gewesen war und zwei Wochen lang tagtäglich auf der Treppe der Biliothek gesessen und auf die Straßenbahn gewartet hatte, die mich heimbringen würde. Als dies nicht geschah, hatte er, da er nicht ins Haus konnte, alle Türen rund um die Schlösser herum herausgemeißelt. Erst als ich in meine Wohnung wollte, stellte ich fest, was geschehen war.

Das Holz war sorgfältig weggehackt worden und die Türen, in denen die Quadrate um die Schlösser fehlten, standen offen. Die Schlösser steckten, mit einem Rand vom Holz der Türen umgeben, in den Türpfosten. In dieser Weise hatte Raf drei Türen bearbeitet. Es sah unheimlich aus und zeigte deutlich, wie aggressiv und hilflos er sich gefühlt haben mußte.

Als ich ihn fragte, weshalb er das getan hatte, sagte er bloß: »Ich konnte nicht hinein.« Er schaute verträumt vor sich hin, als ob er mit der ganzen Sache nichts zu tun hätte.

Ich selbst hatte während der Ferien alles Elend vorübergehend vergessen können, aber jetzt fühlte ich, wie Panik mich ergriff. Ich hatte nur den einen Wunsch: weit weg zu sein, keine Verantwortung mehr zu tragen und keine Schuldgefühle mehr zu haben. Ich wollte überhaupt nicht mehr da sein. Eine unbezwingbare Müdigkeit überwältigte mich, und ich wollte nur noch schlafen. Jetzt hatte sich unmißverständlich gezeigt, daß Raf keinen Augenblick ohne mich auskam. Ich hatte erwartet, daß von dem Zeitpunkt an, wo er eine eigene Wohnung hatte, sich doch einiges ändern würde; aber er hatte mir auf drastische Weise demonstriert, daß ich von ihm nichts zu erwarten hätte. Würde er das Leben je allein meistern können? Würde ich jemals ein bißchen für mich selbst leben können? Diese Gedanken beschäftigten mich pausenlos.

Als ich meinem Bruder von dem Empfang zu Hause berichtete, schraubte er eiserne Platten auf die Haustür, um mir ein Gefühl der Sicherheit zu geben. Wenn ich Rafs trauriges Gesicht sah und sein freudloses Dasein betrachtete, war ich erneut versucht, mich für ihn aufzuopfern. Gleichzeitig fühlte ich aber noch deutlicher, daß ich das auf die Dauer nicht würde durchhalten können. Dann würden noch viel größere Schwierigkeiten und Gefahren auf mich zukommen.

Inzwischen unternahm Raf einen neuen Versuch, in seiner Wohnung zu leben; aber fortwährend ging etwas schief. Eines Tages wollte ein Junge, den er mitgenommen hatte, nicht mehr weggehen und sagte: »Du hast Platz genug, und ich hab' kein Zuhause.« »Aber Eddy, mein Freund, wird hier einziehen«, hatte Raf erwidert. Er kam dann zu mir und sagte, bei dem Jungen wolle er nicht bleiben. Ich mußte die Polizei einschalten, um den Jungen dazu zu zwingen, die Wohnung zu verlassen.

Dann kam ein anderer Junge mit vier Mädchen aus Frankreich, die er bei Raf schlafen lassen wollte, weil sich herumgesprochen hatte, daß Raf Platz genug hätte.

Raf bekam in seiner Wohnung keine Ruhe und floh immer wieder zu mir. Es kostete mich jedesmal die größte Mühe, die Eindringlinge aus seinem Haus zu vertreiben und den Schlüssel, den er dann schon weggegeben hatte, wieder zurückzubekommen. Es schien, als ob Raf selbst diese Schwierigkeiten suchte. Ich sah, wie er sich bei mir zu Hause entspannte, ohne all diese Probleme um ihn herum, und ich kämpfte wieder mit meinen Schuldgefühlen.

Schließlich sagte er mir, er würde nicht mehr in seine Wohnung zurückgehen, solange sein Nachbar, der Mörder, noch im gleichen Haus wohnen würde.

»Ich hab' keine Lust, sein nächstes Opfer zu werden.«

Also blieb er wieder endgültig bei mir, und ich hoffte auf ein Wunder, weil mir sonst nichts mehr zu hoffen übrig blieb.

In der Regel war Raf schweigsam, aber manchmal war er in einer Stimmung, in der er ununterbrochen redete und nicht zu bremsen war. Eines Tages sagte er plötzlich: »Mutti, du darfst mich *nie* im Stich lassen. Du mußt immer bei mir bleiben. Du bist die einzige, die ich habe.«

Ich hatte das Gefühl, als ob man mir die Kehle zuschnürte, und mir wurde schwindlig.

Es war überdeutlich. Es gab Mütter, die dies als ihre Pflicht sahen. Weshalb konnte ich mich nicht dazu durchringen? Doch ich fühlte, daß ich nicht fähig war, dieses Opfer zu bringen.

»Raf«, sagte ich, »es ist rührend, wenn ein Junge von sieben so etwas sagt, aber ein junger Mann von siebenundzwanzig ..., das geht nicht mehr. Ich kann nicht immer da sein. Es kann mir plötzlich etwas zustoßen, und dann wirst du doch weiterleben müssen. Das ist auch der Grund, weshalb du eine Wohnung bekommen hast. Du wirst lernen müssen, für dich selbst zu sorgen. Bisher habe ich das getan, aber jetzt wirst du zu alt dazu, und ich kann es nicht mehr.«

Es blieb lange Zeit still. Dann verschwand Raf in sein Kinderzimmer, wo er in letzter Zeit geschlafen hatte. Am Abend rief ich ihn, wie üblich, zum Essen, aber er gab keine Antwort. Er lag im Bett, zusammengerollt, mit bis zum Kinn hochgezogenen Knien und den Daumen im Mund. Er erinnerte mich an Helen. Sie hatte damals beim Notarzt genau so auf der Bank gelegen, wie ein Baby.

Am nächsten Morgen reagierte Raf wieder nicht auf meine Bitte, zum Frühstück zu kommen. Als er den ganzen Tag über weder aß noch trank, rief ich Hans in Den Haag an. Er würde so schnell wie möglich kommen.

Beide waren wir uns einig, daß Raf möglichst schnell wieder in eine Klinik eingewiesen werden mußte.

Ein Freund von Hans war Direktor einer psychiatrischen Anstalt in der Nähe von Rotterdam geworden. Hans rief ihn an und erklärte ihm, wie dringlich die Sache war. Der neue Direktor war bereit, Raf in seine Klinik aufzunehmen, aber nur, wenn wir den gesetzlichen Vorschriften folgen würden.

Rafs Verhalten änderte sich auch am nächsten Tag nicht. Zwar gelang es Hans noch, ihn ein wenig zu füttern und ihn etwas trinken zu lassen. Doch wenn ich ihm etwas geben wollte, blieb er regungslos liegen, als ob es mich nicht gäbe.

Zwei Tage später gingen wir zum Gesundheitsamt, um Rafs Einweisung in die Wege zu leiten. Über all den Schwierigkeiten hatte ich ganz vergessen, daß Frau Raas die Psychiaterin beim Amt war. So stand ich plötzlich vor ihr. Als ich ihr die neueste Entwicklung in Rafs Krankheit meldete, reagierte sie in der für sie bezeichnenden, zynischen Art. Als ob sie erst gestern mit mir gesprochen hätte, sagte sie zu mir: »Ja, Frau Anstadt, soweit ist es mit ihrem Söhnchen gekommen, weil Sie ihn nicht loslassen wollten. Wir können nichts für Sie tun. Es ist kein Platz da.«

»Ich habe mit dem Direktor der Bertus-Klinik Verbindung aufgenommen; er ist bereit, Raf aufzunehmen«, sagte Hans. »Ach so«, sagte Frau Raas mit einem liebenswerten Lächeln, »das ist aber schön. Und ist Raf selbst damit einverstanden?« Hans unternahm noch einen Versuch, ihr den Ernst der Situation darzulegen, aber sie reagierte nicht darauf und war nicht bereit, uns zu helfen. Wir kehrten nach Hause zurück, ohne etwas erreicht zu haben.

Durch meine Arbeit hatte ich regelmäßig mit einem Psychiater zu tun, der zur Direktion des Gesundheitsamtes gehörte. Obwohl ich ihm schon oft bei Konferenzen begegnet war, hatte ich noch nie mit ihm über Raf gesprochen. Aber jetzt erzählte ich ihm alles. »Ich werde sehen, was ich für Sie tun kann«, sagte er. »Rufen Sie doch morgen wieder Frau Raas an, für einen neuen Termin.«

Am nächsten Tag verhielt sie sich am Telefon tatsächlich etwas weniger abweisend. Dieses Mal begleitete mein Bruder mich zum Gesundheitsamt. Meine Angst vor Frau Raas war in all diesen Jahren so groß geworden, daß ich wußte, alleine würde ich unfähig sein, ihr gegenüber nur ein einziges Wort zu äußern. Noch nie hatte ich von ihr ein freundliches Wort gehört, nicht einmal in meiner größten Verzweiflung, und ich war nicht die einzige, der das passierte.

Wir kamen in einen überfüllten Warteraum, wo Patienten unruhig umherliefen und einander lautstark die unwahrscheinlichsten Geschichten erzählten. Andere wiederum saßen ganz still da und starrten vor sich hin, ohne irgendwelchen Kontakt.

Ich kannte dieses neue Gebäude noch nicht. Der Warteraum war zu klein für diese Menge Leute. Der Warteraum, in dem ich früher oft mit Raf gesessen hatte, war viel geräumiger gewesen und hatte all den Lärm der Besucher gewissermaßen absorbiert.

Nach einer Stunde herrschte wieder Ruhe. Wir waren die einzigen, die man immer noch warten ließ. Nachdem wir mehr als zwei Stunden gewartet hatten, wurde mein Bruder wütend über dieses unverschämte Verhalten. Er fing an, alle Instanzen im Gebäude anzurufen. Schließlich erschien Frau Raas. Sie hielt es nicht für nötig, sich zu entschuldigen.

»Gibt es was Neues?« fragte sie in sachlichem Ton. Mein Bruder wollte mit ihr ins Gespräch kommen, bekam aber keine Gelegenheit dazu. »Aber Sie können diesen Fall doch nicht einfach so behandeln!« sagte er. »Ich wüßte nicht, was ich sonst machen sollte. Für eine Aufnahme brauchen Sie Rafs Einwilligung.« Wieder gingen wir, ohne etwas erreicht zu haben.

Nach einer Woche hatte sich an Rafs Verhalten immer noch nichts geändert. Er aß nur dann, wenn Hans, der dazu aus Den Haag kommen mußte, ihn fütterte.

Verzweifelt rief ich vom Geschäft aus wieder den Psychiater an. Ich bekam seine Frau, eine Sozialarbeiterin, an den Apparat. Ich weiß nicht, wie lange ich mit ihr sprach. Alles brach aus mir heraus, was mich bedrückte. Ich weinte und fragte, ob *sie* keinen Ausweg wisse.

»Rafs Vater wohnt in Den Haag«, sagte ich. »Es muß doch etwas geschehen. Raf kann doch nicht verhungern! Sein Vater kommt jetzt jeden Tag nach Amsterdam, um ihn zu füttern, und an seinem Zustand zeigt sich keinerlei Veränderung.«

Sie versprach mir, mit ihrem Mann darüber zu reden und alles zu tun, was in ihrer Macht stand. Am nächsten Tag rief mich

Doktor van Thuyl vom Gesundheitsamt an. Er wolle uns besuchen, um mit Raf zu reden.

Als er am folgenden Tag Rafs Zimmer betrat, wurde Raf plötzlich hellwach. »Verlassen Sie bitte mein Zimmer«, sagte er. »Sie haben hier nichts zu suchen.« »Ich bin gekommen, um mit dir zu reden«, fing der Arzt an. »Mir scheint, es ist besser, wenn du dich wieder eine Zeitlang aufnehmen läßt.« »Ich habe mit Ihnen nichts zu schaffen und lasse mich nicht aufnehmen«, erwiderte Raf.

Der Psychiater kam langsam und nachdenklich ins Wohnzimmer. Er wirkte ruhig und gelassen, so daß meine Befürchtungen, es würde wieder nichts geschehen, schwanden.

An den Fragen, die er mir stellte, konnte ich erkennen, daß er Verständnis für mich hatte und daß ich Geduld haben und ihm vertrauen sollte. Er blieb noch ein Viertelstündchen und ging dann wieder kurz zu Raf. Ich war ihm bis in den Flur nachgegangen und sah, daß Raf jetzt auch nicht mehr auf seine Worte reagierte.

Er lag zusammengekauert auf seinem Bett. Seine Augen waren weit aufgerissen, und mir schien, er tat so, als ob er nicht bemerkte, daß jemand im Zimmer war. Dann ging Doktor van Thuyl wieder fort, nachdem er versprochen hatte, am nächsten Tag wiederzukommen.

Als er kam, reagierte Raf wieder nicht. »Wir müssen versuchen, eine Ermächtigung zur Einweisung ohne sein Einverständnis zu bekommen«, sagte Doktor van Thuyl. »Raf muß aufgenommen werden; die Frage ist bloß, wie.« Dann schaute er mich aufmunternd an und sagte: »Ich komme morgen wieder und werde versuchen, mit Raf zu reden, obwohl ich davon ausgehe, daß es nicht gelingt. Ich werde darüber nachdenken, ob es einen anderen Weg gibt, die Einweisung durchzusetzen. Es wäre gut, wenn sein Vater morgen gegen Mittag hier wäre. Wahrscheinlich brauche ich ihn.«

Als wir am Nachmittag des folgenden Tages zu dritt im Zimmer saßen, erklärte uns Doktor van Thuyl, weshalb es so schwierig ist, einen Patienten ohne sein Einverständnis einweisen zu lassen. »Raf liegt jetzt ruhig in seinem Bett«, sagte er. »Er muß offiziell für wahnsinnig erklärt werden, wenn ich dazu ermächtigt werden soll, seine Einweisung zu regeln. Solch eine amtliche Erklärung ist schwer zu bekommen. In Rafs Fall muß eindeutig festgestellt werden, daß er nicht mehr dazu fähig ist, für sich selbst zu sorgen, und daß sein Leben gefährdet ist. Wenn Sie mitarbeiten wollen, gibt es eine Möglichkeit, das dem Amtsrichter deutlich zu machen. Er ist nämlich derjenige, der die Entscheidung definitiv trifft. Er läßt sich zwar von einem Psychiater beraten, aber die Indikation zur Aufnahme muß für den Richter selbst auch evident sein. Deshalb muß Raf zunächst in seine eigene Wohnung gebracht werden, damit sich feststellen läßt, ob er ohne Hilfe tatsächlich verhungert.«

Ich wußte, daß ich es nicht aushalten würde, Raf in dieser Verfassung mutterseelenallein in seiner Wohnung zurückzulassen; wir verabredeten deshalb, daß ich ein paar Tage zu meinem Bruder gehen würde. Doktor van Thuyl hielt es für das beste, wenn ich gleich losfahren würde. »Ich bleibe schon noch eine Weile bei Raf«, sagte Hans. »Und ich hole auch Lebensmittel für ihn ins Haus.«

Der Psychiater verabredete mit Hans, jeden zweiten Tag zusammen zu Rafs Wohnung zu fahren, um zu sehen, ob er für sich selbst sorgte. Es zeigte sich aber, daß Raf während ihrer Abwesenheit weder aß noch trank. Er reagierte überhaupt nicht auf ihr Erscheinen. Schließlich gelang es Hans, Raf wie ein Baby zu füttern, aber als sie zwei Tage später wiederkamen, hatte Raf wieder keinen Bissen angerührt. Als sich eine Woche später immer noch keine Änderung der Lage abzeichnete und Raf inzwischen auch noch wirres Zeug redete, mußte schnell eingegriffen werden, um Schlimmeres zu verhindern. Doktor van Thuyl und Hans fuhren zum Amtsgericht, wo ihnen ein Amtsrichter zugewiesen wurde, der eine Ermächtigung für die Einweisung in eine psychiatrische Anstalt erteilen konnte. Der Richter fuhr mit ihnen zu Rafs Wohnung, um sich davon zu überzeugen, daß es keine andere Möglichkeit gab.

Die Einweisung in die Bertus-Klinik fand noch am gleichen Tag statt. Ich fühlte mich wie befreit; ich dachte nur noch an eine kurze Ruhepause und an die Möglichkeit, daß es Raf dort doch ein wenig besser gehen würde. Ich wollte meine Verantwortung loswerden.

13 Fluchtversuche

Bei meinem ersten telefonischen Kontakt mit dem Direktor erfuhr ich, daß Raf Medikamente bekommen hatte, die ihn sehr nervös gemacht hatten. »Wir konnten nicht ahnen, daß er darauf so heftig reagieren würde«, sagte er. »Ich möchte gerne mit Ihnen reden. Ich selbst behandle Raf zwar nicht, aber als Freund seines Vaters fühle ich mich für den guten Verlauf der Behandlung verantwortlich. Ich habe mit Raf gesprochen. Er ist untersucht worden, und ich habe die Krankenberichte erhalten.«

Als ich kam, schaute er mich ernst an. »Weshalb haben Sie Raf gerade in unsere Klinik einweisen lassen?« fragte er.

»An erster Stelle, weil die Sache dringlich war und Sie Platz für ihn hatten. Dann aber auch, weil Raf bisher in mehreren alternativen Anstalten war, was sich bei ihm immer im negativen Sinne ausgewirkt hat. Schließlich habe ich auch noch Ihr Buch gelesen, das mir Vertrauen gab zu Ihrer Art von Therapie.«

»Und was erwarten Sie, daß bei uns passiert?«

»In den langen Jahren von Rafs Krankheit habe ich gemerkt, daß ihm nur durch Medikamente geholfen werden konnte, und ich hatte die Hoffnung, daß es jemandem gelingen würde, ihn dazu zu bewegen, Medikamente einzunehmen.«

»Er hat bei uns noch kein Medikament verweigert«, sagte der Direktor. »Aber auch mit Medikamenten sollten Sie nicht auf seine Genesung hoffen. Das ist auch der Grund, weshalb ich mit Ihnen reden will. Raf ist ein schwerkranker Junge, und in der Klinik kann man nicht mehr für ihn tun als zu versuchen, die Lage für ihn tragbar zu machen. Sehr wahrscheinlich wird es mit ihm sogar noch bergab gehen. Das Krankheitsbild ist ungünstig. Ihr Sohn ist autistisch. Er braucht seine Umgebung kaum. Wir wollen versuchen, ihn zu aktivieren, indem wir in der Klinik angemessene Arbeit für ihn finden, so daß er noch einigermaßen Kontakte knüpfen kann. Wie rasch sein Autismus sich entwickeln wird, ist nicht vorherzusagen. Trotz aller Forschungen ist über diese Krankheit immer noch nicht genug bekannt.«

»Nach all den Jahren ist mir das inzwischen klar«, sagte ich. »Ich wünsche mir nur, daß er sich nicht allzu unglücklich fühlt und nicht durch seine Krankheit in Situationen gerät, aus denen es für ihn keinen Ausweg mehr gibt.«

Es blieb auch weiterhin ein Problem, die richtigen Medikamente für Raf zu finden. Auf fast alles reagierte er überempfindlich, und seine Motorik wurde dadurch so heftig, daß er nicht zur Ruhe kommen konnte. Er lief sogar noch im ersten Monat aus der Klinik weg.

Ich hatte immer gemeint, eine Zwangseinweisung würde auch einschließen, daß ein Patient, falls er weglaufen würde, von der Klinik wieder gesucht würde; das war aber nicht der Fall: Wieder einmal war ich diejenige, der man diese Aufgabe zuschob.

Man erwartete von mir, daß ich nachforschen würde, wo Raf steckte. Von der Klinik erhielt ich den Auftrag, zu seiner Wohnung zu gehen, um nachzuschauen, ob er dort wäre. Falls ich ihn dort antreffen würde, sollte ich das Gesundheitsamt anrufen; man würde ihn dann wieder in die Anstalt zurückbringen.

Ich wartete bis zum Abend und schaute dann bei Raf nach, ob in seiner Wohnung Licht brannte. Das war tatsächlich der Fall. Ich rief das Gesundheitsamt an, und man bat mich, den Schlüssel zu Rafs Wohnung vorbeizubringen, so daß man ihn abholen konnte.

Nach einigen Tagen aber lief Raf wieder weg, und wieder war ich diejenige, die ihn suchen mußte. Jetzt brannte in seinem Zimmer kein Licht. Das brauchte freilich nicht zu bedeuten, daß er nicht zu Hause war: Er konnte ja schlafen oder im Dunkeln sitzen.

Ich hatte nicht den Mut, in seine Wohnung hineinzugehen, da mir klar war, daß mein Verhalten letztlich der Anlaß zu seinem Zusammenbruch gewesen war. Als ich später am Abend vorbeischaute, brannte doch wieder Licht in seiner Wohnung.

Das Gesundheitsamt war damit einverstanden, daß ich wieder den Schlüssel vorbeibringen würde, und wieder holten sie ihn ab. Als er dann aber innerhalb von zwei Wochen zum dritten Mal weglief, verlor ich die Fassung.

Die Anstalt unternahm nichts. Ich, als Mutter, mußte meinen Sohn immer wieder aufspüren.

Ich rief Rafs Psychiater in der Anstalt an und fragte ihn, welchen Zweck eine Zwangseinweisung hatte, wenn die Klinik dem Patienten doch immer wieder die Gelegenheit bot zu fliehen. Der Psychiater versuchte mich zu beruhigen. »Auch uns hat Rafs Flucht das letzte Mal überrascht. Ich hatte ausdrücklich den Auftrag gegeben, ihn gut zu beobachten. Er war morgens duschen gegangen und eine Stunde später immer noch nicht erschienen. Da er aber immer lange unter der Dusche stand, hatte man ihn eine Zeitlang gewähren lassen. Als eine Krankenschwester schließlich nachschaute, war Raf weg. Er hatte aus der Oberluke des Duschraumes sorgfältig alle Schrauben entfernt und sich durch die Öffnung hindurchgepreßt. Ich verstehe immer noch nicht, wie er es geschafft hat, durch diese kleine Öffnung hindurchzukommen.«

Wieder rief ich das Gesundheitsamt an. Dort war man der Sache jetzt aber überdrüssig, und Frau Raas meinte, dieses Mal müßte ich selber handeln. »Ich werde Raf noch ein einziges Mal zurückbringen lassen«, sagte sie, »aber nur unter der Bedingung, daß *Sie* den Krankenpflegern des Gesundheitsamtes die Tür aufmachen.«

»Aber das kann ich doch nicht tun«, sagte ich. »Das wäre in seinen Augen doch der schlimmste Verrat. Raf ist sowieso schon so enttäuscht von mir.«

»Sehen Sie nur selbst zu, wie Sie aus der Sache herauskommen«, war ihre Antwort. »Die Männer vom Gesundheitsamt werden da sein. Raf macht natürlich nicht auf, wenn geläutet wird. Wenn Sie die Männer vom Gesundheitsamt nicht in die Wohnung lassen, wird man Raf folglich nicht zurückbringen können.«

In jener Nacht tat ich kein Auge zu. Ich dachte ständig darüber nach, welche anderen Möglichkeiten es gäbe, um Raf dies zu ersparen. Als es hell wurde, entschloß ich mich, so still wie möglich seine Wohnung aufzuschließen, in der Hoffnung, daß er dann noch schlafen würde. Ich würde dann draußen auf der Straße auf die Pfleger des Gesundheitsamtes warten. Ich hoffte, daß sie Verständnis für meine Lage hatten und mich nicht dazu zwingen würden, ihnen vor Rafs Augen die Tür aufzumachen.

Auf Zehenspitzen schlich ich die Treppe hoch, machte die Tür auf und schaute vorsichtig nach, ob Raf da war. Er saß angezogen auf seinem Bett. Tränen flossen ihm über die Wangen.

»Was ist los, Raf?« Er antwortete nicht.

»Warum läufst du denn immer weg?« Er sagte nur: »Mutti, trinkst du eine Tasse Kaffee mit mir?« Mir wurde schwindlig. Wie konnte ich auf seine Einladung eingehen? Ich war in der Absicht gekommen, ihn zu bespitzeln und das Gesundheitsamt zu informieren.

Ich sagte: »Nein, Raf, ich muß zur Arbeit«, und ging schnell weg. »Mutti«, rief er noch hinter mir her. »Mutti!«

Ich hatte nicht den Mut, mich umzusehen, und ich machte mich davon, um unten auf die Leute vom Gesundheitsamt zu warten. Meine Beine trugen mich kaum noch. Meine Finger fingen zu stechen an. Aber ich mußte warten. Es gab keine andere Möglichkeit. Nach anderthalb Stunden – Raf war Gott sei Dank oben geblieben – kam der Krankenwagen vom Gesundheitsamt. Meine Stimme versagte. Das Blut schien aus meinem Kopf gewichen. Ich gab ihnen den Schlüssel, versuchte etwas zu sagen, aber ich schaffte es nicht. Schließlich sagte ich mit erstickter Stimme: »Bitte! Gehen Sie selbst hinein.«

Der Krankenpfleger, den ich angesprochen hatte, faßte mich bei den Schultern und fragte besorgt: »Schaffen Sie das?« Ich nickte nur und weinte, weil er mich verstand.

Ich hatte mich verdeckt in einem Hauseingang aufgestellt, als Raf plötzlich pfeilschnell aus seinem Haus heraus zur anderen Seite der Straße rannte. Er war totenbleich, verzweifelt, wie ein Tier in Todesangst, ratlos, in welche Richtung er gehen sollte, und rannte dann schnell zum Ende der Straße, die sich inzwischen mit Zuschauern gefüllt hatte. Ich stand da, mit ihnen, und schaute zu. Ich hörte die Leute sagen: »Das ist ein Verrückter!« »Das ist ein Drogenabhängiger!« »Schau mal, wie der läuft!«

Die Krankenpfleger rannten hinter Raf her. Sie stellten ihm ein Bein. Sie hatten keine andere Wahl: Sie mußten ihn festnehmen, und Raf war stark. Ich bekam fast keine Luft mehr und stammelte vor mich hin. Die Leute drehten sich nach mir um und stießen sich an, als ob sie sagen wollten: »Da ist noch so eine!«

Raf war inzwischen wieder aufgestanden. Seine Arme wurden ihm umgedreht, und er mußte, vornübergebeugt wie ein Verbrecher, mitgehen. Ich schaute immer nur auf sein Gesicht, in dem ich jeden Zug kannte. Ich lief aus der Menge weg und suchte Schutz in der Ecke eines Hauseingangs. Dort begann ich zu schluchzen, das Gesicht in den Mantel versteckt. Die Arme wurden mir schwer. »Ich muß mich zusammenreißen«, dachte ich.

Lange Zeit blieb ich wie betäubt stehen. Es kostete mich unendliche Mühe, auch nur einen Schritt zu tun. Meine eigene Wohnung schien meilenweit weg.

Als ich wieder auf der Straße stand, war es beklemmend still.

14 All meine Freunde sind verrückt

Seitdem spielt Rafs Leben sich in der Bertus-Klinik ab. Seine Einweisung hat mit der Zeit ein gewisses Maß an Entspannung gebracht.

Mit ihr wurde vorläufig ein Leben abgeschlossen, in dem Raf nirgendwo Ruhe hatte finden können und er von Ängsten und Gefühlen der Einsamkeit heimgesucht wurde, die mit Zuständen abwechselten, in denen er klar denken konnte und in denen sein Schmerz – verursacht durch das Bewußtsein, daß er an der Welt der anderen keinen Anteil mehr haben würde – nur noch heftiger wurde.

In den letzten beiden Jahren, die er in meinem Haus verbracht hatte, hatte er immer mehr unter meiner Trauer und meinen Schuldgefühlen gelitten. Er kannte jede meiner Stimmungen haargenau, und das muß ihn in immer tiefere Verzweiflung getrieben haben.

Mein Psychiater warnte mich, ich sollte mich nicht darauf verlassen, daß von nun an nichts Schlimmes mehr geschehen würde. »In den psychiatrischen Kliniken gibt es sehr unterschiedliche Auffassungen, was die Frage der therapeutischen Konzepte betrifft«, sagte er. »Mir ist bekannt, daß auch die Direktion von Rafs Klinik viele Schwierigkeiten zu überwinden hat, weil man dort in nüchterner, sachlicher Weise an die Probleme herangeht. Die Direktion glaubt an den Sinn der Behandlung mit Medikamenten als wichtigsten Teil der Therapie. Man hält dies für das einzige Verfahren, das wissenschaftlich zu verantworten ist. Andere Therapien werden auch angewendet, aber nur dann, wenn der Patient ihnen geistig gewachsen ist. Die Bertus-Klinik ist zur Zeit noch eine der wenigen Anstalten, in denen der Gedanke lebt, daß ernsthaft gestörte Schizophrene ein Recht auf ein Zuhause haben, und daß dieses Zuhause auch eine Anstalt sein kann. Viele Patienten, die schon seit zehn bis zwanzig Jahren krank sind, werden von

Anstalt zu Anstalt geschoben. Manche, weil sich in ihrer eigenen Anstalt die therapeutischen Konzepte geändert haben, andere, weil ihre Krankheit sich vorübergehend gebessert hat, oder weil sie deshalb weggelaufen waren, weil ihre Psychose sich mangels ausreichender medikamentöser Versorgung verschlimmert hatte. Es ist für sie von größter Bedeutung, daß sie irgendwo bleiben dürfen, wo sie sich zu Hause fühlen, und daß sie nicht nach einiger Zeit wieder zu hören bekommen, sie sollten in ihrem eigenen Interesse wieder irgendwo anders eingewiesen werden. Manche von ihnen werden in einer therapeutischen Wohngemeinschaft untergebracht, in der sie viel mehr als bisher miteinander zu tun haben und auf engerem Raum zusammenleben müssen. Nachdem sie sich, manchmal nach Jahren, endlich irgendwo eingelebt haben, sind sie im Erwachsenenalter aber nicht mehr dazu fähig, sich an eine Art Familienleben anzupassen und strengeren Gruppenregeln zu gehorchen. Das bringt oft große Spannungen mit sich, aus denen dann wieder psychotisches Verhalten und gelegentlich schwere Aggressionen entstehen können. Das Ende vom Lied – und dies trifft vor allem auch auf schizophrene Patienten zu – ist, daß sie weglaufen. In der Bertus-Klinik ist man sich dessen bewußt, daß auf diese Kategorie von Schwerkranken der Begriff der Hospitalisierung nicht anwendbar ist. Für diese Einsicht ist man ihnen nicht gerade dankbar. Wenn die herrschende Strömung in der Psychiatrie nicht anerkennen will, daß auch unheilbar kranke Menschen ein Recht auf Versorgung haben, ist die Gefahr groß, daß diese Kranken eine Gruppe von Landläufern bilden werden. Im Augenblick macht eine Gruppe von streunenden, vernachlässigten Patienten Utrecht unsicher; keine Anstalt will sie aufnehmen, da sie eine viel zu intensive Behandlung bräuchten. Auch in Italien hat man Geisteskranke aus altmodischen Anstalten herausgeholt. Es herrscht dort große Besorgnis über diese Patienten, die vernachlässigt durch die Straßen laufen, ohne für sich selbst sorgen zu können. All diesen Menschen wurde erzählt, es sei die Gesellschaft, die sie krank gemacht habe. Die Psychiatrie weiß nicht, was sie mit langwierigen Krankheiten wie Schizophrenie anfangen soll, bei denen häufig keine Heilung mehr zu erwarten ist. Bei Sparmaßnahmen sind diese Menschen die ersten Opfer, und auch für ihre Anstalt sind sie uninteressant, weil mit ihnen keine Ehre einzulegen ist.«

Nach einer langen, enervierenden Zeit erhielt ich vom Psychiater einen ausführlichen Bericht über die Entwicklung von Rafs Krankheit seit seiner Aufnahme in die Klinik.

Er erzählte mir am Telefon, die Schwierigkeiten mit Raf seien dort die gleichen wie in den anderen Anstalten, die er besucht hatte. Man wolle ihm helfen, aber er bleibe apathisch. Er habe nicht auf die ihm verabreichten Medikamente angesprochen. Jetzt allerdings könne man sagen, daß es nach drei Monaten mit viel Mühe doch noch gelungen sei, mit der Therapie einigermaßen einen Anfang zu machen. Raf mache jetzt mit, und sie meinten, jetzt auf dem richtigen Weg zu sein.

»Raf hat in der ersten Zeit stundenlang auf dem Boden gesessen«, erzählte der Psychiater. »Seine langen Haare hingen ihm wie ein Vorhang vor die Augen, so daß sein Gesicht praktisch nicht zu sehen war. Seine Erscheinung wurde täglich bizarrer. Ganze Tage saß er am Boden, die Beine quer über den Korridor, vollkommen kontaktlos. Seine Lippen bewegten sich fortwährend. Er hielt lange Monologe, wobei man ihn gelegentlich weinen und laut seufzen hörte. Während der ganzen Zeit hielt er eine kleine Wollpuppe in den Armen, die er mit großer Zärtlichkeit umsorgte. Später trug er die kleine Puppe an einer Kordel um den Hals. Manchmal nahm er ein Notizbuch aus der Tasche und schrieb dann eines seiner unverständlichen Liebesgedichte hinein. Das dauerte einen Monat lang. Es änderte sich nichts, und wir haben dann ein neues Medikament versucht, das ihn aber wieder unruhig und sogar aggressiv machte. Weil er immer wieder weglief, bat er uns selbst darum, eine Zeitlang im Isolierzimmer schlafen zu dürfen. Als wir schließlich weder aus noch ein wußten, mußten wir auch mit dem zweiten Medikament aufhören. Ich habe ihn dann etwas einnehmen lassen, das wir schon lange Zeit verabreichen und das bei vielen Patienten seinen Nutzen schon bewiesen hat.«

Dieses Medikament hatte eine verblüffende Wirkung. Schon nach wenigen Tagen änderte sich Rafs Verhalten. Das Pflegepersonal hatte mit ihm verabredet, daß er, solange er noch so unruhig war, im Haushalt mitarbeiten würde. Er selbst wollte das gerne, denn diese Arbeit ermüdete ihn, so daß er seinen Bewegungszwang ein wenig los wurde. Schließlich fing Raf an, sich besser zu versorgen; er wurde weniger apathisch und suchte mehr Kontakt zu anderen Patienten. Er schaute klarer aus den Augen, sprach deutlicher, steckte seine langen Haare unter sein Hemd und trug ein kleines Halstuch darüber. Er wollte sie nicht abschneiden lassen, aber er wollte die anderen auch nicht mit seiner Mähne schockieren. Als ich ihn einige Wochen später besuchte, mußte ich mich allerdings an seine Frisur gewöhnen. Sie sah einer altertümlichen Perücke ähnlich. Raf befand sich damals noch in der geschlossenen Abteilung, wo sich viele Schwergestörte befanden, die hier in der ersten Zeit nach ihrer Einweisung beobachtet wurden. Er würde jedoch bald in die offene Abteilung versetzt werden, erzählte er. Denn es gehe ihm jetzt gut. Das Empfangszimmer dort war winzig, so daß man zusammen mit anderen Familien an einem Tisch saß. Ein persönliches Gespräch war dadurch nicht möglich. Wenn ich Raf besuchte, fiel es mir ohnehin schwer, ein sinnvolles Gespräch mit ihm zu führen. In der Regel war ich nicht entspannt genug, und ich wollte Raf besonders schonen. Aber jetzt war es nicht einmal nötig, ein Gespräch nur zu versuchen.

Offenbar hatte Raf schon über dieses Problem nachgedacht und eine Lösung gefunden. Er nahm jetzt ein Spiel mit, so daß wir uns weniger angespannt mit etwas beschäftigen und zwischendurch etwas sagen konnten ohne das peinliche Schweigen, das unter diesen Umständen häufig entsteht. Das war für mich ein deutliches Zeichen dafür, in welchem Maß er Fortschritte gemacht hatte.

Er erzählte mir, ein wenig stolz und lächelnd, daß er jetzt große Korridore sauber mache.

»Ich bin froh, daß ich hier arbeiten kann«, sagte er. »Mit dem Pflegepersonal und dem Psychiater komm' ich gut aus.«

Dennoch blieb es mir ein Rätsel, daß er sich hier ohne Protest Injektionen geben ließ, während er dies in all den vorangegangenen Jahren abgelehnt hatte.

Zunächst dachte ich noch, er glaubte, dies akzeptieren zu müssen, weil er zwangseingewiesen worden war. Als ich aber zum ersten Mal einen Termin bei seinem Psychiater hatte, sagte Raf: »Mutti, ich muß dich warnen, sonst bist du nicht darauf gefaßt. Mein Psychiater ist ein bißchen anders. Er hat ganz dünne Beine, und er geht schwer. Er hat früher bestimmt eine schwere Krankheit gehabt. Ich denke, daß er deshalb auch andere Menschen, die es schwer haben, so gut versteht. Ich mag ihn. Es ist gut, wenn du das weißt.«

»Vielleicht ist das der Grund, daß er jetzt doch noch Medikamente akzeptiert«, dachte ich. »Mit diesem Psychiater ist auch etwas los.« Wie ich Raf kannte, dachte er sich: »Dieser Mann gehört zu uns. Auch er ist nicht ohne Fehler, und er wird schon wissen, was gut für uns ist.«

Inzwischen wurde Raf in eine andere Abteilung verlegt. Auch hier verliefen die Besuche schwierig. Oft war ich froh, wenn er dann mit Hans eine Partie Schach spielte.

Er erwarb sich in der Klinik nun auch deutlich seinen Platz. Wenn er am Wochenende frei war, kam er nur selten nach Amsterdam. Meistens blieb er in der Nähe von Den Haag und fuhr dann mit einigen Mitpatienten ins Stadtzentrum.

Jeden zweiten Monat hatten wir ein Gespräch mit seinem Psychiater. Dieser erzählte uns, Raf habe sich bei Personal und Patienten beliebt gemacht durch die Aufmerksamkeit, die er anderen schenkte, obwohl er sich immer noch als Einzelgänger verhielt.

Jetzt, da er sich ein wenig besser fühlte, versuchte er, sich in der Küche beim Geschirrspülen nützlich zu machen. Manchmal buk er, weil ihm das Spaß machte, einen Kuchen für das Pflegepersonal. Eines Tages hatte er aus der Stadt Rosinen und Mehl mitgebracht und am Sonnabend für die ganze Abteilung Pfannkuchen gemacht. Das hatte die Stimmung dermaßen gehoben, daß er dazu überging, das öfters zu tun. Als ich mit ihm darüber sprach, sagte er lächelnd: »Ach, das hast du früher auch gemacht. Ich muß jetzt manchmal an die alten Zeiten denken. Wir fanden das auch gemütlich.«

Er kaufte auch gerne Kleidung auf dem Markt, billige Hosen und Shirts. Wenn sie ihm nicht paßten, fragte er die Pfleger, ob einer von ihnen diese Sachen haben wollte. Es frappierte mich, wie gut er über die gängige Mode der jungen Leute außerhalb der Klinik Bescheid wußte.

Nach einem Jahr schlug der Amtsrichter, der Raf regelmäßig besuchte, dem Psychiater vor, die Ermächtigung für Rafs Zwangseinweisung aufzuheben. Raf konnte jetzt uneingeschränkt kommen und gehen, aber er mußte sich natürlich an die Hausregeln halten. Er mußte bei allen Therapien anwesend sein und hatte auch im Haushalt Aufgaben zu erfüllen. Raf kam diesen Pflichten jetzt gut nach.

Nach einiger Zeit stellte ich fest, daß er sich trotz aller Fortschritte auch hier wieder mehr zurückzog. Er ging nicht mehr so oft aus und fing wieder damit an, längere Zeit vor sich hinzustarren und mit sich selbst zu reden. Auch in der Bertus-Klinik gewann sein Autismus nach ungefähr zwei Jahren die Oberhand, als er nicht mehr von seiner neuen Umgebung fasziniert wurde.

Er selbst aber sagte bei einem meiner Besuche: »Ich habe mich seit Jahren nicht mehr so ausgeglichen und wohl gefühlt. Ich habe weniger Angst als in den letzten Jahren zu Hause. Es ist schön, daß man hier immer Leute um sich herum hat. Man braucht nie allein zu sein. Manchmal denke ich, daß ich hier gerne bleiben würde.«

Die Medikamente zeigten allmählich auch Nebenwirkungen. Sein Bewegungszwang machte Raf nun doch wieder mehr zu schaffen, manchmal so sehr, daß er keinen Augenblick still stehen konnte. Wenn er ruhig war, wurde sein Gang schleppend, und sein Körper neigte sich vornüber: die typische Haltung für jemanden, der an Autismus leidet. Und er stotterte heftig.

In den Therapiestunden beschäftigte er sich viel mit Musik und während der kreativen Therapie machte er oft Holzschnittarbeiten, wodurch sein zwanghaftes Bewegungsbedürfnis ein wenig befriedigt wurde. An Gesprächstherapien beteiligte er sich nicht. Er war da, weil er dazu verpflichtet war, aber er ging, wenn die Zeit vorbei war, gleich wieder weg, ohne daß er ein einziges Wort gesagt hätte.

Als man feststellte, daß Raf auch in diesem Zustand dazu fähig war, sich an das Leben in der Klinik anzupassen, spielte man mit dem Gedanken, ihn zusammen mit sieben anderen Patienten in einem Häuschen auf dem Klinikgelände wohnen zu lassen, damit seine Selbständigkeit gefördert würde. Raf zog es aber vor, in der Klinik selbst zu bleiben.

Ihm war inzwischen die Leitung der Patientenkantine übertragen worden, die während der kreativen Therapie von ungefähr hundert Menschen besucht wurde, und wo er für Kaffee, Tee und für die weitere Organisation zuständig war. Man hatte ihm diese Aufgabe gegeben, um ihn noch möglichst lange aus seiner Isolation herauszuhalten.

Keiner der Patienten hatte diese Kantinenarbeit bisher lange durchgehalten. Raf machte sie inzwischen schon über ein Jahr, und die Kantine war allmählich ein Stück von ihm selbst geworden. Das war mit der Grund, weshalb er nicht aus der Klinik weg wollte. Endlich hatte er Arbeit; daraus schöpfte er all sein Selbstvertrauen.

Als ich einmal bei ihm auf dem Zimmer war, sah ich dort eine Liste mit Aufträgen, die er sich selbst gegeben hatte. »Es fällt mir schwer, jeden Morgen beizeiten aufzustehen«, erzählte er. »Aber wenn ich es nicht tue, erscheint jemand vom Pflegepersonal, um mir zu sagen, daß ich meine Pflichten nicht erfülle. Dann meckern sie so lange, daß ich lieber gleich aufstehe. Die Arbeit muß sowieso gemacht werden. Drücken gilt nicht. Man ist streng hier, und das finde ich schon in Ordnung, sonst würden viele von uns liegen bleiben. Jetzt fühle ich mich genau wie andere Menschen in der Gesellschaft. Ich muß.«

Wenn man Raf suchte, brauchte man nur in der Kantine vorbeischauen, in der er viele Stunden verbrachte.

Auch der Psychiater ließ Raf nur ungerne aus seinem Gesichtsfeld verschwinden und hatte deshalb nicht sonderlich auf einen Wechsel ins »Half-Way-House« gedrängt.

Als Raf ungefähr drei Jahre in der Klinik war, bemerkte ich, daß er sich langsam vor dem verschloß, was sich außerhalb der Klinik abspielte. Er wollte damit immer weniger konfrontiert werden. Wahrscheinlich, weil es ihm weh tat.

Wenn ich ihn besuchte, durfte ich kein Thema anschneiden, das seine Emotionen hätte wecken können. Ich durfte ihm keine persönlichen Fragen stellen und auch nichts über mich selbst oder über unsere Familie erzählen. Wenn ich das dennoch tat, schaute er auf seine Uhr und sagte, es sei Zeit für mich zu gehen; er habe so viel zu tun. Ich bemerkte, daß unsere Gespräche am besten verliefen, wenn ich von Dingen redete, nicht von Menschen. Raf konnte mit großem Interesse Reiseberichten zuhören und Anekdoten von meiner Arbeit, freilich nur, wenn diese lustig waren. Wir konnten auch über seine Aktivitäten bei der Beschäftigungstherapie reden. Am angenehmsten war es ihm, wenn wir bei gutem Wetter spazierengingen, weil dann sein Bewegungszwang eine Richtung fand. Es war ihm ziemlich unangenehm, wenn Hans oder ich bemerkten, daß Nebenerscheinungen ihn störten. Er war sich, meiner Meinung nach, ständig seines Verhaltens bewußt, aber ein Gespräch darüber war und blieb tabu. Einmal fragte ich ihn, weshalb er schon seit über einem Monat nur *einen* Handschuh trage. Er schaute mich an, dann seinen Handschuh. Innerhalb einer Viertelstunde stand ich auf der Straße.

Schließlich kam Raf nur noch zu den Geburtstagen nach Amsterdam. Auch bei Hans im nahegelegenen Den Haag erschien er selten, und wenn er kam, blieb er selten länger als eine halbe Stunde. Oft verschwand er plötzlich oder unauffällig.

Daß er sich uns gegenüber verschloß und daß auch unsere Besuche ihn immer mehr bedrückten, beunruhigte uns sehr. Er suchte immer neue Vorwände, um mich nicht empfangen zu müssen, doch am Telefon führte er lange Gespräche und erkundigte sich interessiert nach vielem, so daß ich merkte, daß er den Kontakt doch schätzte.

Ich rief die Oberschwester an und fragte sie, ob sie vielleicht wisse, weshalb Raf mich nicht gerne sehen wollte und ob ihn vielleicht etwas störe, worüber er nicht reden wollte. Ich fragte sie, ob er sich zur Zeit etwa unglücklich fühle.

Sie sagte: »Frau Anstadt, Raf ist zwar ein schwerkranker Junge, aber unglücklich ist er hier ganz entschieden nicht. Er lebt stark auf andere Menschen bezogen. Seine Familie bedeutet ihm immer noch viel. Vielleicht will er sich dagegen schützen und reagiert deshalb so.«

Raf selbst sagte mir: »Mutti, ruf mich bitte vorher an, wenn du kommst, damit ich darauf vorbereitet bin. Wenn Vati oder du plötzlich vor mir stehen, erschrecke ich entsetzlich. Dann fang' ich an zu assoziieren. Ich denke dann, ihr seid jemand anders.«

Raf ist sich seiner Regression bis heute bewußt geblieben. Er ist jetzt seit vier Jahren in der Klinik.

Als er mich das letzte Mal an meinem Geburtstag besuchte, war er auffallend still und schaute traurig lächelnd vor sich hin. Durch diese Stille hindurch stiegen in ihm manchmal bruchstückhaft Gedanken auf, die die Frucht langen Nachdenkens zu sein schienen.

»Ich fühle mich ganz alt«, sagte er. »Mindestens so alt wie du.«

»Ich habe in der Stadt nichts mehr zu suchen.«

»Meine früheren Freunde und ich haben einander nichts mehr zu sagen.«

»Ich fühle mich in der Klinik am wohlsten. Ich geh' zurück.«

»Ich kenne hier fast niemanden mehr.«

»All meine Freunde sind verrückt.«

Medizin und Gesundheit

Dr. med. dent. Hanns-W. Hey
Gesunde Zähne
Pflege – Vorbeugung – Erkrankung – Behandlung.
274 Seiten mit 166 Abbildungen. Geb.

Prof. Dr. med. Hellmut Mehnert
Der Mensch ist so gesund wie sein Stoffwechsel
Was ist Stoffwechsel? · Richtige und falsche Ernährung · Fettsucht/Magersucht · Vitaminmangelzustände · Fettstoffwechselstörungen · Gicht · Diabetes mellitus · Seltene Stoffwechselerkrankungen.
208 Seiten mit 14 Abbildungen und 23 Tabellen. Geb.

Prof. Dr. med. Hellmut Mehnert/Mechthild Lörcher
Wie ernähre ich mich richtig?
Ein Ratgeber mit 150 Rezepten für Gesunde und Kranke. Fettsucht · Magersucht · Fettstoffwechselstörungen · Gicht · Diabetes. 242 Seiten. Geb.

Prof. Dr. med. Ludwig Rausch
Mensch und Strahlenwirkung
Strahlenschäden · Strahlenbelastung · Strahlenschutz.
347 Seiten mit 117 Abbildungen. Kt.

Prof. Dr. med. Gotthard Schettler
Der Mensch ist so jung wie seine Gefäße
Arteriosklerose · Herzinfarkt · Schlaganfall · Durchblutungsstörungen. Entstehung · Risiken · Vorbeugung · Behandlung. Mit Beiträgen von Prof. Dr. med. Michael DeBakey, Prof. Dr. med. Hubert Mörl, Prof. Dr. med. Egbert Nüssel.
333 Seiten mit 47 Graphiken und Abbildungen und 17 Farbfotos. Kt.

Prof. Dr. med. Robert F. Schmidt
Medizinische Biologie des Menschen
Eine Einführung für Gesunde und Kranke. 481 Seiten mit 81 Tafeln. Geb.

Schwangerschaft, Geburt und Säuglingspflege
Herausgegeben von Prof. Dr. med. Klemens Stehr und Prof. Dr. med. Norbert Lang. Herausgeber der Originalausgabe: The Boston Children's Medical Center. Aus dem Amerikanischen von Wolf-Dieter Bach und Edith Mundt.
Überarbeitete und erweiterte Auflage. 600 Seiten mit 123 Abbildungen. Leinen.